Barbara Bronnen nimmt uns mit auf eine literarische Entdeckungsreise durch eine der schönsten Landschaften Europas. Die Toskana ist der Schriftstellerin seit vielen Jahren zur zweiten Heimat geworden: Sie liebt das Land und seine Bewohner und ist eine intime Kennerin seiner Kultur und Literatur.

Die Reise führt uns von Florenz nach Volterra, nach San Gimignano, Siena und Lucca, vorbei an Zypressen- und Olivenhainen, durch Weinberge und romantische Dörfchen. Unterwegs leisten uns berühmte Autoren und Künstler aus allen Epochen Gesellschaft: Dante, Boccaccio, Machiavelli, Heinrich Heine, Hermann Hesse, Ezra Pound, Niki de Saint Phalle, Umberto Eco, Antonio Tabucchi u. v. a.

Barbara Bronnen, 1938 in Berlin geboren und in Österreich aufgewachsen, studierte Germanistik und Philosophie, worin sie 1962 promovierte. Danach arbeitete sie als Lektorin und Journalistin und nahm 1987 eine Gastprofessur in Poetik an der Universität Bamberg an. Seit 1970 lebt sie als freie Schriftstellerin in München und publiziert Erzählungen, Romane und Sachbücher. Seit 1975 reist sie jedes Jahr in die Toskana und zieht sich zum Schreiben in ein Haus in der Maremma zurück.

Näheres über Barbara Bronnen unter www.bronnen.de

insel taschenbuch 3481
Toskana

Sanfte Hügellandschaft bei Pienza

Toskana
Ein Reisebegleiter

Von Barbara Bronnen
Mit farbigen Fotografien und Karte

Insel Verlag

Für Christa Abplanalp

insel taschenbuch 3481
Originalausgabe
Erste Auflage 2011
© Insel Verlag Berlin 2011

Vertrieb durch den Suhrkamp Taschenbuch Verlag
Satz: Hümmer GmbH, Waldbüttelbrunn
Druck: Kösel, Krugzell
Printed in Germany
ISBN 978-3-458-35181-8

1 2 3 4 5 6 – 16 15 14 13 12 11

Inhalt

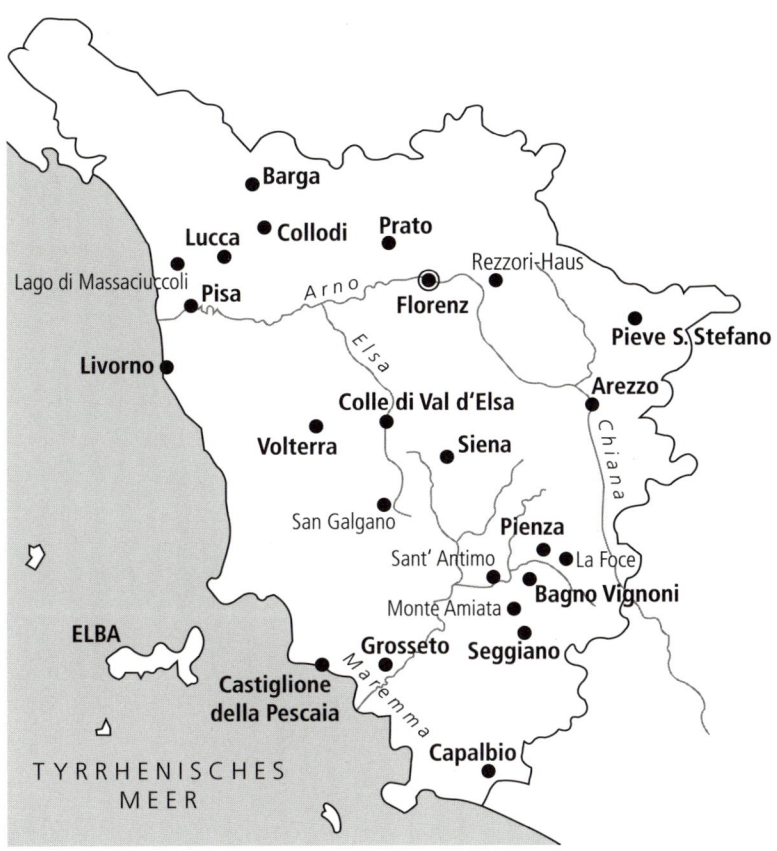

Barga

Lucca Collodi Prato

Rezzori-Haus

Lago di Massaciuccoli Arno

Pisa Florenz

Pieve S. Stefano

Elsa

Livorno

Colle di Val d'Elsa Arezzo

Volterra Chiana

Siena

San Galgano

Pienza

Sant' Antimo La Foce

Monte Amiata Bagno Vignoni

Grosseto Seggiano

Castiglione della Pescaia Maremma

ELBA

TYRRHENISCHES MEER

Capalbio

1. Einem Buch entstiegen
Von Florenz nach Volterra

Durch das geöffnete Zugfenster strömt der noch herbe Frühling ins Abteil, der Geruch von feuchter Erde, frischem Gras und klarem Wasser. Zartes Grün, vermengt mit dem Grau und Ocker der Felder, das Blau des Himmels – das ganze Land mit seinem Jasmin- und Rosmarinduft dringt ins Abteil ein. Es ist April.

Schön, mit dem Regionalzug die Toskana zu bereisen, wie in einer Kutsche. Gebauschte Vorhänge, geöffnete Fenster, bequeme Sitze, unsichtbare Schaffner und ein geruhsames Tempo – schon fühlen wir, wie unser Atem tiefer, der Blick ruhiger wird. Wir haben genügend Zeit, den Blick auf einem leuchtenden Dach, dem kühlen Schatten eines Brunnens, dem knorrigen Stamm eines Olivenbaums oder dem zarten Schimmer der Stadtkrone auf der Spitze eines Hügels ruhen zu lassen. Und wir können aussteigen wo wir wollen, uns ein Städtchen ansehen und wieder weiterfahren.

Vor uns öffnet sich gemächlich, Dorf für Dorf, im frischen Licht die herrliche Kulturlandschaft des alten Stammlandes der Etrusker. Die Hügel werden schroffer, waldiger, schließen uns ein und weiten sich zu den Maremmen.

Wenn wir uns anschauen, mit welcher Sorgfalt die historische Landschaft der Toskana gestaltet ist – eine der schönsten Regionen Italiens, die nach der Einigung im Jahr 1860 in zehn Provinzen unterteilt wurde: Massa-Carrara, Pisa, Lucca, Pistoia, Florenz, Arezzo, Siena, Livorno, Grosseto und Prato –, denken wir unwillkürlich, daß diese hohe Kultivierung ein alter, von den Etruskern überkommener Brauch ist. Tatsächlich waren sie es, die damit begannen. Das wenigste von dem, was wir sehen, schuf allein die Natur, und überall meinen wir die Hand Giottos, Leonardos oder Botticellis zu spüren, bei den Biegungen der Wege, den Bächen, die vorüberziehen, den Zypressen– und Pinienalleen.

Je weiter wir in dieses Land eindringen, desto wacher nehmen wir es auf, umgeben von seinen natürlichen Grenzen, dem von einem Piniengürtel eingerahmten Tyrrhenischen Meer und dem schroffen nordöstlichen und nördlichen Gebirgskamm des Apennin. Das Land hat Verfall und Wiedergeburten hinter sich gebracht, die Loslösung von Papst und Kaiser, den Faschismus, die Anbindung an Europa. Gelassen ging der Toskaner aus alldem hervor; er glaubt nach wie vor an den Mond und bestellt unverdrossen seine Felder, erntet den Salat, produziert sein eigenes Öl und tut, als wäre ganz Italien ein einziges brachliegendes Feld.

Und wenn uns auch die Türme und Mauern der kleinen Städte, an denen wir vorbeifahren, glauben lassen, daß die Toskaner ein Volk von Riesen wären, so haben sie sich selbst immer bescheiden gesehen, als Menschen, die inmitten von Dingen leben wollen, die nach ihrem Maß geschaffen sind. So ist auch ihre Architektur, ihre ganze Kunst, ihre Literatur für den einfachen Menschen gemacht, mit Sorgfalt und ohne Bombast. Die Schlucht von Volterra ist bestimmt von Mario Luzi, die Dornen der Brombeerhecken vor Siena erfand die heilige Caterina, und dieses Tor vor einer düsteren Höhle ist sicher von Dante.

Die toskanischen Literaten haben immer versucht, ihre Welt, das ganze Land, das menschliche Leben und Scheitern einzufangen, und das ist ihnen gelungen. Es ist ein großes Glück, daß es die toskanische Literatur gibt, denn ohne sie, ohne Boccaccio, hätten wir keinen Roman. Wir alle tragen die Bilder seines *Decamerone* in uns, Bilder einer verwunschenen Natur, von Lebenslust, sexueller Freizügigkeit, Pest und Tod. Die toskanische Literatur vom Mittelalter bis heute – von Dante, Petrarca, Boccaccio, Alberti, Machiavelli, Alfieri, Pascoli, Ungaretti, Saba, Malaparte, Tabucchi bis Luzi – ist ein Schatz schlichter Wahrheiten; sie bildet eine Säule der abendländischen Kultur. Und all diesen Autoren ist es gelungen, mit ungewöhnlicher Leichtigkeit, Geschick, Originalität, Urbanität und eigener Moral vorzugehen.

Anstoß war die wilde Entschlossenheit, an sich zu arbeiten, Sinne und Zartgefühl zu erweitern und zugleich Beobachter der Gegenwart zu sein. Das feierliche Versprechen, das sich der junge Dante im letzten Kapitel der *Vita Nova* gab, macht diesen ungewöhnlichen Anfang deutlich. Er wollte »in würdiger Form« über die angebetete Beatrice schreiben: »Um dieses Ziel zu erlangen, werde ich soviel Wissen wie eben möglich erwerben ... So daß, wenn es dem gefällt, auf den hin alles Leben gerichtet ist, daß mein Leben noch einige Jahre andauern wird, ich hoffe, dereinst über sie zu schreiben, was noch nie über eine Frau geschrieben wurde.«

So trat Dante, der die Leiden des Exils und den moralischen Niedergang seines Landes erleben mußte, durch das Tor der Liebe in die *Commedia* ein.

In diesem Augenblick, als ich gerade ein wenig schläfrig werde und mir mein Buch aus der Hand fällt, wundere ich mich nicht, daß ein Mann ins Abteil schwebt, seltsam schwerelos, ein wenig außer Atem, mit aufrechter Haltung, er blickt zu mir hin, mit einem Lächeln auf den Lippen. Unterm Arm trägt er fünf schwere ledergebundene Bände, sorgsam mit einer Schnur aus Hanf zusammengefaßt.

Wie selber einem Buch entstiegen, so sieht er aus. Ein dunkelblaues Tuch schlingt sich um Kopf und Hals, daß kein Haar zu sehen ist. Über wachen, tiefbraunen Augen hochgeschwungene Brauen, die unmittelbar in einer langen geraden Nase münden, die sich über vollen Lippen neigt. Ein langes, weich fallendes auberginefarbenes Gewand, das bis zum Boden reicht, umweht seine Gestalt.

Scusi, pardon, sagt er, als sein schweres Gewand meine Knie streift, ist hier noch frei? Ich nicke, und er nimmt mir gegenüber Platz, legt behutsam die Bände ab, öffnet eine grobe Rupfentasche, die an seiner Schulter hängt, und nimmt drei weitere, dicke, mit Goldprägung versehene Bände heraus. Gesten voller Bescheidenheit, Ehrfurcht und stolzer Zurückhaltung.

Eine Weile liest jeder in seinem Buch, ich mache mir ab und zu Notizen und überlege, wie ich meinen Text über die literarische Toskana aufbauen will, durchwandere mein spärliches Wissen und lasse die Bilder an mir vorüberziehen. Wie fange ich es an? Ich habe nicht die leiseste Ahnung. Ratlos blicke ich aus dem Fenster, ehe ich mich wieder meiner Lektüre zuwende. Der Fremde zieht Nüsse aus seiner Tasche, knackt sie mit den Händen und bietet sie mir mit gedämpfter Stimme an, wie aus Furcht, im Nebenabteil gehört zu werden. Gerne nehme ich an.

Ich recke den Hals und lese auf dem Buchrücken des Lederbandes »etnaD, aidemmoC aniviD«. Dante, Sie lesen Dante, frage ich, *La Divina Commedia*? Ja, sagt er, ich lese seine Texte und die der Stilnovisten immer wieder, um zu lernen, Petrarca habe ich erst später kennengelernt.

Sie meinen seine Bücher? sage ich.

Nein, ihn persönlich, antwortet der Herr. In meinen letzten zwei Lebensjahrzehnten. Petrarca ist in etwa meine Generation. Ich bin Jahrgang 1313. Dante hingegen wurde schon 1265 geboren. Vor meiner Zeit. Gestatten, er erhebt sich, verneigt sich mit Grazie, eine Hand auf der Brust, eine Geste wahrhaft herrschaftlicher Natur: Giovanni Boccaccio, Dichter.

Boccaccio, der Vater der europäischen Literatur! Von allen literarischen Helden ist mir Boccaccio der liebste. Es war für mich ein großes Fest, zum ersten Mal das *Decamerone* zu lesen.

Er lächelt mich an mit jener *gentilezza*, die zur toskanischen Lebensart gehört. Sein Blick drückt eine Lebendigkeit aus, die sein üppiger Körper nicht mehr besitzt. Jetzt erst fällt mir ein, daß der Mann quasi mit fliegendem Gewand wie mit geschwellten Segeln ins Abteil gekommen war, ohne daß der Zug eine Haltestelle passiert hätte, aber es überrascht mich nicht. Ich bin in einer so seltsamen Verfassung, daß mich gar nichts erstaunt.

Es sei schwierig, Boccaccio *und* Toskaner zu sein, meint mein Gegenüber, nicht weil Toskaner per se schlimmer oder besser seien als andere Italiener, sondern weil sie Gott sei Dank anders seien als andere Völker. Doch da ist zusätzlich etwas in mir, sagt Boccaccio, tief in meinem Wesen, in meiner Natur, das mich von dem unterscheidet, was andere in meiner Zeit in sich haben.

In Ihrer Zeit, was ist das für eine Zeit? frage ich.

Und Boccaccio holt aus. Erzählt von erbitterten Auseinandersetzungen zwischen Kaisertum und Papsttum und von den zwei rivalisierenden politischen Parteien: den mit dem Papst paktierenden republikanischen Guelfen und den Ghibellinen, den kaisertreuen Adeligen. Er spricht vom *duecento*, und es dauert eine Weile, bis wir geklärt haben, daß ein Italiener damit das 13. Jahrhundert meint. Er erzählt von einer kurzen Blütezeit der sizilianischen Minnelyrik und ihrer Nachwirkung im *dolce stil nuovo*, dem »süßen neuen Stil«, den Dante einführte, benannt für einige Verse aus dem 24. Gesang des Purgatorio seiner *Divina Commedia*. Dante wollte alles, was ihm Amor einflüsterte, seine subtilen seelischen Regungen, sorgfältig wiedergeben. Er holte damit die lebensferne höfische Liebesthematik von ihren Höhenflügen herunter und erreichte das Volk, denn in der Toskana geht es immer um den Menschen. Man ließ sich ebenso inspirieren vom Tagesgeschehen wie von der Politik, den Auseinandersetzungen in der Kommune wie von den Bedürfnissen nach Selbstbesinnung und gesellschaftskritischer Reflexion. Und nach und nach öffnete man sich auch für die Prosa.

Im *trecento*, also im 14. Jahrhundert, als das Bürgertum immer mächtiger wurde, begann eine wunderbare Zeit, die Zeit von Dante bis Lorenzo de' Medici. Die Toskaner waren heiter und aufgeklärt, die Toskana wurde zu einer Provinz Europas und führte doch ein selbständiges Leben.

Umberto Eco, wende ich ein, ein Schriftsteller meiner Zeit, hat in einem fiktiven Lektoratsgutachten Dante recht abfällig als typischen Sonntagsautor bezeichnet.

Seine Kritik ist mir bekannt, sagt Boccaccio, er fand den ersten Teil der *Divina Commedia* dunkel und prätentiös, durchsetzt von primitiver Erotik, und bemängelte die Wahl des toskanischen Dialekts, er fragte sich, ob ein normaler Mensch sich diese endlose Reihe Terzinen mit Genuß reinziehen könne ... Dabei wirkt bei Dante alles einfach, doch dringt man ein, spürt man die Weite und prüft man den Bau, die innere Ordnung, so bemerkt man, daß es eine solide Literatur ohne Schnickschnack ist, mit einer aufs kleinste Detail bedachten Genauigkeit gearbeitet.

Ich gebe ihm recht. Hurtig lasse ich vor meinem inneren Auge den Aufbau des *Decamerone* Revue passieren und will das Gespräch auf Boccaccio selbst bringen. Das fiel mir auch bei Ihrem Werk auf, sage ich, kaum fängt man zu lesen an, mischt man sich unters Volk und spaziert mit spitzzüngigen und scharfsinnigen Florentinern durch die Straßen. Ja, es genügt, sich in eine Bar zu setzen, auf den Markt zu gehen oder an einer Straßenecke dem Gespräch der Leute zu lauschen, schon ist man mitten in Ihrem genialen Hauptwerk, dem *Decamerone*. Selbst beim Maccheroni-Essen muß ich an Ihre dritte Novelle des achten Tages denken, wo Maso dem tumben Calandrino von jenem wunderbaren Land erzählt, »... wo ein Berg sei aus lauter geriebenem Parmesankäse, und dort oben täten die Leute nichts anderes, als Mac-

Giovanni Boccaccio, der »Erfinder« des Romans

cheroni und Ravioli machen, die sie in Kapaunenbrühe kochten und dann herunterwürfen, und je mehr sich einer davon nehme, desto mehr habe er.« Der Traum der kleinen Bürger, den ich nirgendwo sonst so liebevoll dargestellt sah.

Die Rahmenhandlung des *Decamerone* bildet die furchtbare Pestepidemie von 1348, die alle Gesetze aufhob. Sieben Damen und drei Herren flüchten von Florenz aufs Land bei Fiesole und bekämpfen ihr Entsetzen und ihre Todesangst mit hundert unbeschwerten, sinnenfrohen Erzählungen, fein und derb, tragisch und fröhlich. Nur scheinbar wahllos setzt sich ein großes Welttheater zusammen, mit seinen erhabenen und kleinen, einfachen und vulgären Freuden. Zehn Stimmen erzählen aus Antike und Gegenwart, von Heiden, Juden und Christen, von Königen, Rittern und Damen, Bürgern und Verbrechern, Witwen und Huren, wobei Boccaccio den christlichen Glauben, den Klerus und die Orden parodiert.

Sein berühmtestes Werk *Hundert Geschichten, Fabeln, Parabeln und oder wirkliche Begebenheiten,* »den holden Damen« zugedacht, die »voll Furcht und Scham die zarten Liebesflammen im zarten Busen verborgen« hielten, waren sie doch »abhängig von Willen, Gefallen und Befehl ihrer Väter, Mütter, Brüder und Gatten, die meiste Zeit auf den kleinen Bezirk ihrer Gemächer beschränkt«, während Männer alle Freiheiten hatten und sich durch »Balzen, Jagen, Fischen, Reiten, Spielen oder Handeltreiben« unterhalten konnten.

»Hierauf ließen sie sich einen von Mauern umgebenen Garten öffnen, der sich an den Palast anschloß, und traten ein; und sie fanden ihn gleich beim Eintritt von so wunderbarer Schönheit, daß sie mit größter Aufmerksamkeit an die Betrachtung der Einzelheiten gingen. Ringsherum und nach allen Richtungen im Innern liefen pfeilgerade, breite Wege, überlaubt von Weinreben, die für dieses Jahr eine reiche Traubenernte versprachen; und da sie damals in der Blüte standen, strömten sie zusammen mit den anderen Gewächsen, die im Garten dufteten, einen solchen Wohlgeruch aus, daß sich die Gesellschaft mitten unter alle Spezerei des Morgenlandes versetzt wähnte. Und diese Gänge waren, so wie oben durch das Rebendach, an den Seiten überall mit Hekken von weißen und roten Rosen und Jasmin gleichsam geschlossen, so daß man sich unter dem lieblichen, würzigen Schatten nicht nur am Morgen, sondern auch wann die Sonne am höchsten stand, nach Belieben ergehen konnte, ohne von den Strahlen getroffen zu werden.«

Ich zügele mich mühsam, nicht weiterzulesen. So stelle ich mir das Paradies vor, sage ich.

Wenn außerhalb dieses Gartens die Pest nicht wäre! Boccaccio lacht. Ein mittelmäßiges Werk. Kein Vergleich mit der *Divina Commedia*, sagt er nach einer Weile mit zitterndem Doppelkinn. Eine Reise ins Jenseits unter dem Leitmotiv der Liebe, eine Reise der Läuterung. Es ist die göttliche Beatrice, die den Wanderer durch die Hölle bis an die Pforten des Paradieses führt.

Ein Leben lang, sagt Boccaccio, habe ich dieses Werk studiert, mich in die humanistischen Schriften Petrarcas vertieft und jahrelang mit ihm darüber korrespondiert, doch das grandioseste, was je in italienischer Sprache geschrieben wurde, ist und bleibt die *Divina Commedia*. Dante schildert die kleinen Leute genau. Ich staune jeden Tag über diesen Reichtum an Details, diese Gewölbe, diese Bogen, diese Schenkel, diese Fratzen, diese Mäuler! Diese Schmeichler, diese Räuber und Tyrannen, diese Huren, Mörder und Gotteslästerer, diese Wucherer und Betrüger! Und dieses Klagen und Schreien, diese Gesten, diese Posen, dagegen ist euer Brueghel ein Märchenmaler. Man hört das Gebrüll, die Schreie der Gequälten, das Zetern, Tosen, Toben! Man riecht den diabolischen Gestank, die Düfte des Paradieses.

Voll tiefer Bewunderung erzählt Boccaccio von seinem berühmten Vorfahren Dante, 1265 in San Martino del Vescovo in Florenz in bescheidene Verhältnisse hineingeboren. Die Familie gehörte dem niederen Stadtadel an.

Man weiß wenig über Dantes Jugend, die Mutter Bella starb früh, sein Vater Alighiero II. heiratete nochmals und verstarb, als der Junge etwa 16 Jahre alt war. In seiner Jugendzeit genoß Dante eine Blütezeit scholastischer Schulung, vorbereitet durch die Reformarbeit des Bettelordens.

Doch es war eine Zeit ständiger Konflikte, die das politische Leben bestimmten. Dante widmete sich den Studien der Wissenschaften und dem Kriegshandwerk, diente der Reiterei der Stadt Florenz und kämpfte in der Schlacht bei Campaldino zu Pferd gegen das ghibellinische Arezzo.

Er konnte sich ein freies Studium leisten und hatte Zeit genug für seine Lieblingsbeschäftigung, das Dichten. Bald war ihm das Schreiben unentbehrlich, um seine Gefühle auszudrücken und nach Erkenntnis zu streben. Denn worum kreisen die 14 233 Verse seiner *Commedia*? Letztlich um das Rätsel des *Ich*. Was ist das *Ich*? Was zerstört es? Wie kann man es darstellen?

Ein Mann von politischer Verantwortung und großer Weitsicht, der 1295 in den Weisenrat berufen wurde.

Dante hat seine politische Tätigkeit unerschrocken fortgeführt und trotzte der Kirche mutig, als Bonifaz VIII. die gesamte Toskana der Kirche einverleiben wollte. Doch der Kardinal rächte sich. Dante wurde aus Florenz verbannt und hat die Stadt seitdem nie mehr betreten, sondern hielt sich in Siena und Rom auf. Er wurde der Erpressung, des Betrugs und des Friedensbruchs angeklagt sowie des Widerstands gegen den Papst, doch er reagierte nicht. So erreichte ihn 1302 ein zweiter Richterspruch, bei lebendigem Leib verbrannt zu werden.

Unter dem Druck der Verbannung führte er das Leben eines fahrenden Gesellen, der mittellos herumzog, ein Pilger, ein Bettler, wie »ein Schiff ohne Segel und ohne Steuer, das vom trockenen Wind der schmerzlichen Armut in die verschiedensten Häfen, Mündungen und Gestade getragen wird«, schrieb er in *Convivio I*. Und doch waren es Jahre einer immensen inneren Entwicklung und Vollendung seiner dichterischen Fähigkeit. Auf der Rückreise von Venedig starb Dante im Sommer 1321 in Ravenna, wo er, geleitet von einem riesigen Trauergefolge, bei der Kirche San Pier Maggiore begraben wurde.

Boccaccio breitet die Arme aus, ich danke ihm so vieles, das er mich gelehrt hat. Ich wäre so gern ein enger Freund von Dante gewesen. Hätte ihn so gern im Venushimmel getroffen. Hätte ihm die Hand gehalten, als er einsam war, im Exil ... Ohne Dante und Petrarca hätte ich nie eine Zeile geschrieben.

Ein Glück für uns, sage ich. Schließlich haben Sie die ersten Romane überhaupt geschrieben. Äußerst volksnahe Romane.

Ich komme nicht, wie Dante, aus dem niederen Adel, sagt Boccaccio, ich bin ein Kaufmannssohn, ein illegitimes Kind. Das Jurastudium habe ich nie geliebt – aber ich hatte Glück, beim berühmten Rechtsgelehrten und Lyriker Cino da Pistoia zu lernen und fühlte früh eine große Liebe zur Literatur.

Doch Dante und Petrarca bleiben unerreichbar. Sie haben das Italienisch von heute geschaffen.

Es wurde geschaffen? frage ich.

Ja, hier in Florenz. Eine Sprache wie die Toskaner: herb, stolz, kurz angebunden und sparsam. Dantes Sprache setzte Maßstäbe. Sie war lebendig, aufrichtig, christlich, politisch und absolut toskanisch und formte das Italienisch von heute. Sie ist Kunst wie unsere Natur. Um einen gebildeten Nachfahren Ihrer Zeit, den Schriftsteller Gregor von Rezzori, der bei Florenz lebte, zu zitieren: »Mit einem Wort; Italienisch ist eine Kunstsprache. Und zwar von allem Anfang an bewußt.

Was darüber geforscht, gedacht und geschrieben worden ist, füllt einige Meter der Bücherborde von öffentlichen Bibliotheken. Kurz zusammengefaßt besagt es, daß das Vulgärlatein, das während dem Zerbröseln des Römischen Imperiums neben den Mundarten der ethnisch bunt zusammengewürfelten Bevölkerungsgruppen des Südens, des Nordens und Mittelitaliens vermischt und verschliffen gesprochen worden ist, um die erste Jahrtausendwende dank emsiger Gelehrtenarbeit Eingang in die Schrift gefunden hat und von einer Handvoll sprachbegnadeter Dichter-Patrioten zum heute noch gebräuchlichen italienischen Idiom geadelt worden ist.«

Besonderer Verdienst, sage ich, fällt dabei den Toskanern zu, nicht zuletzt Lorenzo de' Medici.

Lorenzo hat sich bemüht, sagt Boccaccio, das Toskanische zur sprachlichen Norm zu erheben, und viel für unsere Sprache getan. Nicht nur, daß er Gelehrte und Theologen in sein Haus lud und mit ihnen über Gott und die Welt diskutierte. Er selbst war ein Freund der Literatur, ließ sich von Poliziano, dem begeisterten Philologen und Textkritiker, die Welt der antiken Griechen nahebringen – seine Bibliothek umfaßte an die sechshundert Handschriften griechischer Autoren! Er kaufte Nachlässe von Humanisten, lieh sich Schriften aus und ließ sie abschreiben, viele mit herrlichen Miniaturen geschmückt. Pietro Bembo hat dann Regeln für die neue Literatursprache aufgestellt. Später, im 19. Jahrhundert, kam sogar Manzoni, der Schöpfer von *I Promessi Sposi*, *Die Verlobten*, von Mailand nach Florenz, um seine »Sprache im Wasser des Arno reinzuspülen«, Leopardi wollte das auch.

Im Grunde ist es immer noch Ihre Sprache, deren wir uns heute bedienen, sage ich.

Nun gut, wehrt Boccaccio ab. Wissen Sie übrigens, daß Ihr fabelhafter Grimmelshausen, der den *Simplicius Simplicissimus* schrieb, durch Dritte über Dante informiert war?

Ich schüttle den Kopf.

Heute, sage ich, im Zeitalter der Globalisierung, hat man herausgefunden, daß Dantes *Commedia* einer Geschichte aus der muslimischen Welt ähnelt, der Geschichte der Himmelsreise des Propheten Mohammed, und auch Ihre Geschichten im *Decamerone* haben Vorläufer in orientalischen Fabeln, Parabeln, Abenteuern und Allegorien wie den Geschichten aus *Tausendundeiner Nacht.*

Ich verneige mich vor diesen Lehrern, sagt Boccaccio, und leugne muslimische Vorläufer nicht. Ich war immer aufnahmefähig für neue Ideen und habe kulturelle Impulse schlafwandlerisch aufgenommen. Rohmaterial, aus dem Gröbsten gehauen ...

Das Sie großartig zugeschliffen haben, sage ich. Bei allem Respekt vor Dante, sind Sie ein lebendigerer Schriftsteller als er. Ihr erster Prosaroman ...

Sie meinen den *Filocolo*, sagt Boccaccio, ein Lehrstück, kombiniert aus den unterschiedlichsten Themen. Aber ein Mißerfolg, und als ich 1340 nach Florenz zurückkehrte, versuchte ich mich in allegorischer Dichtung in Prosa und Terzinen und der *Elegia di Madonna Fiammetta*, einem Liebesbrief, der sich zu einem kurzen Roman ausweitete.

Der erste psychologisch-analytische Roman in der Ich-Form, sage ich, und nicht zuletzt das erste Bekenntnis einer Frau in der italienischen Literatur. Äußerst modern, diese Verknüpfung von fiktiven Dialogen und Monologen. Fiammetta, die Erzählerin, die sich an die Frauen wendet und sagt, sie wolle ihnen endlich einmal, anstatt antiker Lügen- und Kriegsgeschichten, das erzählen, was sie wirklich erlebt hat.

Boccaccio lächelt müde. Unter dem Eindruck heftiger Kritik am *Decamerone* geriet ich in eine tiefe Krise. Ich mußte mich gegen meine eigenen moralischen Bedenken wehren und fand meinen *Decamerone* immer bedenklicher. Ich habe oft daran gedacht, das Werk zu verbrennen.

Wir fahren bald in Volterra ein. Volterra, sagt Boccaccio,

ist übrigens eine Fundgrube für die toskanische Geschichte, die mit den rätselhaften Etruskern begann, und die Tatsache, daß wir intelligenter sind als die anderen, ist kein Fehler unseres Charakters, sondern hat mit unserer etruskischen Herkunft zu tun.

Und er hebt eine Dankeslitanei an die Etrusker an, die mit ihrer hohen Bildung alles vorbereitet hätten und fordert mich auf, gehen Sie unbedingt ins Museo Etrusco, Sie werden unsere etruskischen Vorfahren finden.

Fauchend fährt der Zug durch schroffe Berge, schließlich vorbei an einem wunderbaren Garten, der in der Sonne aufleuchtet und in dem die schönsten Blumen in allen Farben wild durcheinanderwachsen.

2. Die Stadt des Windes
Volterra

Auf unserer Toskana-Reise zieht es uns zunächst in die nördlichste der großen etruskischen Städte, nach Volterra, auf der Suche nach den etruskischen Vorfahren der Toskaner. Ein seltsames Volk, unruhig und beunruhigend, das die Toskaner dazu anregte, jeden Gedanken, jede Empfindung der Natur faßbar zu machen, und das fähig war, in einem Marmorblock oder einem Stückchen Leinwand die ganze Welt einzufangen. Die Etrusker waren jahrhundertelang die einflußreichste Volksgruppe in diesem Land, ehe es die Römer eroberten, was ihnen die Toskaner immer noch übelnehmen. Doch ist die Epoche der Etrusker, die im 6. Jahrhundert vor Christi von den mit ihren Dörfern gekrönten Hügeln aus die Toskana beherrschten, immer noch von geheimnisvollen Nebeln umgeben.

Hat die Inschrift unter der zierlichen Plastik einer Bachstelze in Volterra mit dem altindischen Sanskrit zu tun? Die Sprachforscher und Hermeneutiker, die Etruskologen und Sanskritforscher fanden nicht nur im Sanskrit, sondern auch im Finnischen, in der Sprache der Tuareg, der Kopter, der Jacuter, der Berber, der Azteken, der Gallier, der Massai, der Suk, der Hebräer und vieler anderer Völker insgesamt achthundert etruskische Wörter. Erst in jüngster Zeit, im Jahr 2007, hat sich durch die Genforschung das Dunkel ein wenig gelichtet. Zu den Erkenntnissen der Gentechniker, die ein orientalisches Erbgut der Toskaner feststellten, kamen die gentechnischen Untersuchungen der Zoologen, die sich die toskanischen Rinder vornahmen: auch sie kommen aus dem Orient, damit ist nicht nur das Rätsel ihrer dekorativ verschlungenen Hörner gelöst.

Durch die *Valli del Diavolo*, die Teufelstäler, nähern wir

uns Volterra. Überall hochsteigende Dampfwolken, dicke silberne Rohrleitungen durchziehen häßlich die Wiesen und Wälder und leiten den Dampf in die Häuser, Stromzufuhr für die Hälfte der Toskaner. Bis mich endlich wieder Zypressenalleen aufmerken lassen, Volterra kommt in Sicht, »wo azurblau die Etrusker schlummern«, wie Pasolini in *Der Apennin* schrieb.

Und schon formt sich ein Text, D. H. Lawrence' Gedicht *Zypressen*:

Toskanische Zypressen,
Was ist mit euch?

Verborgen wie ein dunkler Gedanke,
Für den die Sprache verloren ist,
Toskanische Zypressen,
Bergt ihr ein tiefes Geheimnis?
Sind unsere Worte bedeutungslos?

Eine einzige Festung, dieses Volterra, Schutz gegen Wölfe und Räuber. Wie etruskisch und mittelalterlich zugleich diese »Stadt des Windes und des Macigno«, wie Gabriele D'Annunzio sagte, daliegt, mit welcher Sorgfalt das Volk der Etrusker die Lage seiner Städte ausgesucht hat, abgeschieden auf einem Bergrücken, mit herrlich weitem Rundblick, bei gutem Wetter bis hin zu den Apuanischen Alpen und zum Tyrrhenischen Meer. Die etruskische Bergstadt Velathri, das heutige Volterra, eine von den zwölf Städten, die sich in einem losen Bündnis vereinigten, ist vielleicht der luftigste und einsamste Ort der Toskana, in dessen Mitte der mittelalterliche Stadtkern mit dem Kommunalpalast und dei Piazza dei Priori, der Marktplatz, liegt.

Immer noch passieren die Menschen die etruskische Porta all' Arco, immer noch schützen die mächtigen Mauern über dem Abgrund die Stadt – ein riesiger Wall aus kolossalen Macigno-Blöcken, auf dem Berg angehäuft, etwa sieben Kilometer lang und elf Meter hoch, ein unüberwindlicher Verteidigungswall. Der Schriftsteller Rudolf Borchardt, der um die Wende des 19. Jahrhunderts an verschiedenen Orten der Toskana lebte und plötzlich im Gestrüpp vor Zyklopenmauern stand, beschreibt wortreich die schlichte Tatsache dieser Riesentrockenmauer: »Felsblöcke, kaum grob abgeebnet, manche halb haushoch, sind hierher gewälzt, gehoben und mit ungeheuerlicher Unkunst – oder soll man sagen, ungeheurer Kunst? – lückenlos so verpaßt worden, daß ihre scheinbar roh gesprengten Eckungen, scheinbar nur in zufällige Fuge gerüttelt, in Wahrheit unrückbar ineinandergreifend mit Riesenkraft verwachsen sind. Nur durch ihre mörderische Wucht und aus lauter Schiefen in die Richte lotende Lagerung hält sich die felsige Harmonie instand, seit Jahrtausenden, für Jahrtausende, durch Erdbeben und Berennungen hindurch, der Elemente spottend, die der Erdgeist, und der Elemente, die der Menschengeist gegen sie entfesselt hat.«

Von der Fortezza, der gigantischen Zitadelle auf dem Rükken des Berges, seit den Medici ein gefürchtetes Zuchthaus, springt in eisigen Böen die *Tramontana* herab, die die Zypressen neigt und die Luft mit scharfen kleinen Messern durchsetzt – nicht ohne Grund nennt man diesen Wind den *Scherenschleifer*. Die blanke Luft läßt alles klar und wie geschliffen erscheinen, die Hügel heben sich hell aus dem windblassen Blau. Es riecht nach Ginster und Kastanienerde, ein bißchen auch nach Abwässern oder Mist, nach Holzkohle und nach Qualm aus einem schlechtziehenden Kamin.

Vielleicht kommt der Rauch aus der mittelalterlichen Festung des Zuchthauses, in der ein besonderes Restaurant entstanden ist. Hier kochen und servieren Schwerverbrecher, bieten unter der Leitung der Gefängnisdirektorin zusammen mit Aktivisten der *Slow-food*-Bewegung zierliche Gnocchi und zarte gefüllte Zucchiniblüten an. Die Gäste sitzen im Hof und werden bedient, der Erlös wird wohltätigen Zwecken zugeführt. Am Abend kommen wir in den Genuß einer besonderen Theateraufführung: die Theatertruppe der Häftlinge spielt mit Hingabe vor einem handverlesenen Publikum Jean Genets *Neger*.

Der Wind rüttelt am Tor der Basilika San Giusto, ein wenig außerhalb gelegen, im Borgo San Giusto, die wacker den Stürmen trotzt, nahe am Abgrund.

Von dort kommt ein Geruch von ausgetrocknetem Lehm, der beim nächsten Frühlingsregen wieder zu Schlamm und Morast wird und nach jedem Unwetter weitere Erdmassen zum Absturz bringt. Das alte Bündnis zwischen dem Lehm der etruskischen Nekropolen, dem behauenen Stein der christlichen Kirche und der heimischen Erde wurde aufgekündigt. Eine kleine mittelalterliche Kirche mit ihrer schweren Masse ist längst durch das Dickicht der Sträucher in den Abgrund hinabgestürzt.

Vorbei an der Psychiatrischen Klinik, einer der größten des Landes, kommen wir zum einfach gestalteten Hauptplatz mit seinem Palazzo dei Priori, Vorbild des Palazzo Vecchio in Florenz, und gehen ins Museo Etrusco Guarnacci. Kaum haben wir den Ort der bedeutendsten etruskischen Sammlung Italiens betreten, spüren wir, wie zwischen den geflügelten Dämonen, Medusenköpfen und Totengöttern ein etruskischer Geist den Raum erfüllt. Hunderte von Porträtköpfen, lebendige und lebensnahe Abbilder der Verstorbenen, die auf den Urnen ruhen – D. H. Lawrence hat recht, Urnen ist hier das falsche Wort, es sind kleine Sarkophage –, blicken uns an. Noch nie ist mir das Volk der Etrusker so nahegerückt, sie werden zu Menschen, blicken geradeaus vor sich hin, die Augen starr auf einen Gegenstand gerichtet, und doch scheinen sie mich zu sehen, auch wenn sie mich nicht anschauen. Es sind perfekte Gesichter, voller Intelligenz.

Die Altstadt der Etruskerstadt Volterra mit Blick über das Val di Cecina

Alabaster ist der unirdische Stoff, aus dem diese Urnen gemacht sind, eine heitere, durchscheinende Art des Gipses, dessen rosafarbene Helligkeit nichts anderes zu sein scheint als die gehärtete Essenz von der Sonne gekochter Weizenfelder. Sie wirken »fremdartig, lebendig und anziehend«, schreibt Lawrence in seiner Betrachtung über *Volterra*. Wir sehen Meeresungeheuer, Meerfrauen mit Fischschwanz. »Die Etrusker haben diesen Geschöpfen Flügel verliehen, nicht die Griechen«, so Lawrence, der die Szenen aus dem wirklichen Leben, Eberjagden, Zirkusspiele, Festzüge, segelnde Schiffe, Mädchen mit Schriftrollen, Bankette mit Mann und Frau auf dem Festmahlslager, Abschiedsszenen spannender findet als die symbolischen Darstellungen, sie sind »wie ein aufgeschlagenes Buch des Lebens«.

Alabaster-Brüche und das Alabaster-Handwerk sind immer noch ein Wirtschaftszweig in Volterra, nicht wenige Alabasterkünstler leben im Borgo San Giusto; und im Palazzo dei Priori, dem ältesten erhaltenen Kommunalpalast in der

Toskana, erhält man überall in den kleinen Andenkenläden Aschenbecher und Schalen, Eier und Vasen aus Alabaster.

Reich war das Können des etruskischen Volkes und reich das Wissen, das uns von Vogelflug und Blitzschlag und von den Gezeiten und der Magie des Meeres kündet. Sie konnten bauen, sie konnten malen, sie konnten zeichnen, sie konnten lesen und sie konnten schreiben, und zwar von rechts nach links, und manche der Grab-, Vasen- und Urneninschriften konnte man entziffern, nachdem man das Alphabet entschlüsselt hatte. Zum Beispiel die Zeile: Vetne taia ruman etpam culicnas chepère, was auf italienisch heißt: Taia andò a roma per vendere vasi, und auf deutsch: Taia ging nach Rom, um Vasen zu verkaufen.

Es ist kein Wunder, daß sich der in Rom geborene Schriftsteller Carlo Cassola (1917-1987) die Region um Volterra zu seiner Heimat machte. Cassola fing die Welt des bedrohten einfachen Landlebens der Maremma um Volterra und Marina di Cecina, damals ein kleines verschlafenes Nest, heute eine beliebte Touristenstadt, in immer neuen lyrischen Bildern ein. Er kämpfte in Volterra in den letzten Kriegsmonaten im Widerstand gegen den Faschismus. Dies ist auch das Thema seines Romans *Ragazza di Bube* um den Ex-Partisanen Bube, der nach Kriegsende versucht, sich wieder in die Gemeinschaft einzufügen. Für diesen Roman erhielt er 1960 den begehrten *Premio Strega*, und seine Lektüre gehört mittlerweile in Schweizer Schulen zum Lehrplan. Cassola war nach dem Zweiten Weltkrieg in der sozialistischen Partei aktiv, wandte sich dann jedoch seinen literarischen Interessen zu und widmete sich pazifistischen und ökologischen Gedanken. Seinen Unterhalt verdiente Cassola als Philosophielehrer am Liceo in Grosseto.

Vielleicht schätzte er das Abgehobene der Lage Volterras wie D. H. Lawrence, der schrieb: »Und hinter der Klarheit erhebt sich in Wellen und spitzen Kämmen das grüne Land, aber es ist, als ob man das vom Bug eines anderen Schiffes aufgewühlte Meer sehe: Hier in Volterra reiten wir über die Welt«, womit er wohl auch auf die Bedeutung des Namens Volterra, der »die über das Land Fliegende« meint, anspielte.

Ehe wir Volterra verlassen, gehen wir noch einmal an der auf einem Hügel gelegenen Kirche San Giusto vorbei, die von den *balze*, den Erdschüben, verschlungene alte Kirche, die 1628 erbaut wurde. Hier riecht die Erde nach Eisen und Schwefel, denn sie ist mit Metallen gemischt, und wenn wir eine Handvoll dieser Erde aufgreifen, entdecken wir mittendrin ein kleines Stück Alabaster, vielleicht vom verfallenen Gebäude der eingestürzten Camaldulenserabtei. Ein rosiges kleines Stück, das wir im Himmel wiederfinden, in einer rosafarbenen Abendwolke.

3. Vor die Tür gesetzter Wahnsinn
Von Volterra nach Lucca

Der kräftige Wind begleitet uns auf dem Weg nach Lucca und wendet die Blätter der Oliven, ein Anblick, ganz nah an Christian Morgensterns Ritornell *Oliven*: »Erst wenn der Wind euch beugt und schaudern macht, / Enthüllt ihr eure silbernen Tiefen.« Wir spazieren durch die Gassen, begleitet vom scharfsinnigen Guido Ceronetti, der die Schönheiten und Scheußlichkeiten Italiens gleichermaßen festhielt und in Lucca »auf der Suche nach einem Wunder durch ganz katholisch dunkle Straßen gelaufen« ist, »und vor einem Gitter am Ende eines alten Treppenaufgangs hat es mich dann gestreift«: Es war »ein quadratisches Gärtchen, von blütentriefenden Bäumen beschattet, und in der Mitte eine Art zerfressener Sarkophag«. Fast meinen wir, dieses Gärtchen zu finden, allerdings mit einem kleinen Teich in der Mitte. Das »Gartenhafte« und »Geschmückte« Luccas ist ebenfalls Heinrich Heine aufgefallen, und er stellt, wie Theodor W. Adorno, den provinziellen Charakter Luccas fest, um dieses Urteil sogleich zu modifizieren. Adorno: »Illusionär wohl, sich einzubilden, das Bewußtsein der Einwohner wäre es weniger (nämlich: provinziell). (...) Aber sie wirken nicht so.« Sein Fazit: »Provinz ist nicht Provinz.« Heine: »Nirgends Philistergesichter. Und gibt es hier auch Philister, so sind es doch italienische Orangenphilister und keine plumpen deutschen Kartoffelphilister.«

Heinrich Heine ging durch die Stadt, auf der Suche nach Franscheska: »Es war schon Nacht als ich die Stadt Lucca erreichte. Wie ganz anders erschien sie mir die Woche vorher, als ich am Tage durch die widerhallend öden Straßen wandelte, und mich in eine jener verwunschenen Städte versetzt glaubte, wovon mir einst die Amme so viel erzählt. Da war die ganze Stadt still wie das Grab, alles war so verblichen und verstorben ...« Es wird wohl die Zeit der Nachtruhe gewesen sein, die in ihrer Grabesstille allem einen gespenstischen Anstrich gibt. Denn: »Als ich jetzt, acht Tage später, wieder nach Lucca kam, wie erstaunte ich über den veränderten Anblick dieser Stadt!« Diesmal hat ihn die Stunde der abendlichen passeggiata ereilt, jene Zeit, in der alles auf den Beinen ist, um die piazza im Uhrzeigersinn zu umrunden, ein Schwätzchen zu halten oder das neue Kleid auszuführen, zudem überrascht ihn eine Prozession. »Was ist das? rief ich, als die Lichter mein Auge blendeten und die Menschenströme durch die Gassen sich wälzten. Ist ein ganzes Volk als nächtliches Gespenst aus dem Grabe gestiegen, um im tollsten Mummenschanz das Leben nachzuäffen? Die hohen, trüben Häuser sind mit Lampen verziert, überall aus den Fenstern hängen bunte Teppiche, die morschgrauen Wände fast bedeckend, und darüber lehnen sich holde Mädchengesichter, so frisch, so blühend, daß ich wohl merke, es ist das Leben selbst, das sein Vermählungsfest mit dem Tode feiert und Schönheit und Jugend dazu eingeladen hat. Ja, es war so ein lebendes Totenfest, ich weiß nicht, wie es im Kalender genannt wird, auf jeden Fall so ein Schindungstag irgend eines geduldigen Märtyrers ...«

Heute begegnet man fast nur Touristen, kaum sieht man »Landleute«, »bunte Gestalten«, wie sie Heine entdeckte, sondern eher überbunte und nachlässig gekleidete deutsche »Kartoffelphilister«, die nur Augen für die Auslagen haben, und Leute von Lucca, die unter den Türen stehen, um das Schauspiel der Fremden zu genießen.

Der bei Lucca geborene Dichter Giosue Carducci hätte angesichts dieser von Literatur Unbeleckten keine Angst haben müssen vor einem »Einbruch der Fremden in die Literatur«, eine Angst, die bei ihm noch größer war als die vor einem bewaffneten »Einfall der Fremden ins Land«, wie er in einem an den ultrakonservativen Freund Chiarini gerichteten Brief vom Mai 1856 bekennt. Als junger Mensch fühlt sich Carducci »groß, eben weil ich erglühe in einer riesengroßen, unendlichen und übermenschlichen Verachtung für alles, was ausländisch ist«, schreibt er in einem Brief 1853. Ein patriotischer Lyriker, der zu seiner Zeit als Repräsentant der klassischen toskanischen Literatur galt und seinen ersten Lyrikband Giacomo Leopardi und Pietro Giordani widmete. Mit seinen *Odi barbare*, den Barbarischen Oden – zwei Büchern, deren erstes den großen Dichtern huldigte, während das zweite private Erlebnisse, Gedanken über Zeitlichkeit und Tod und Gedichte an geliebte Frauen enthält –, wurde er berühmt, nicht zuletzt mit seinen Gedichten auf die Natur und die toskanische Landschaft. Zu seinen schönsten Texten gehört das Sonett *Traversando la maremma toscana*. 1906, kurz vor seinem Tod, erhielt er den Nobelpreis für Literatur, doch da war sein Stern längst am Sinken, der neue nationale Barde hieß Gabriele D'Annunzio.

Ein Held der Geschichte Luccas ist Castruccio Castracane. Er wagte es, gegen die mächtigen Florentiner zu kämpfen, und siegte bei Altopascio 1325. Seine Rückkehr nach Lucca war triumphal: Lorbeerbekränzt stand er in seinem von vier Schimmeln gezogenen Streitwagen, in Purpur und Gold gekleidet, ließ die geketteten Gefangenen vor sich hertreiben und die carrocci von Florenz und Neapel, rückwärts fahrend, mitführen. Er starb aber dann zum Glück – Florenz hätte seine Eitelkeit wohl kaum ertragen – an einer gewöhnlichen Grippe.

»So war Castruccio«, berichtet Mary McCarthy, »einmal von einem wohlhabenden Luccaner, der erst kurz zuvor sein Haus prächtig hatte herrichten lassen, zum Mahle geladen. Castruccio besah sich die reiche Wandverkleidung und den bunten Mosaikfußboden mit den Blüten- und Blättermustern, spie dann plötzlich seinem Gastgeber mitten ins Gesicht und erklärte, er hätte nicht gewußt, wo er sonst hinspucken sollte, ohne all die Kostbarkeiten zu beschmutzen.« Machiavelli schrieb phantasievoll und witzig Castruccios Biographie.

Doch solche Helden gibt es in Lucca nicht viele, es gilt eher als konservativ. Ceronetti stellt die Gegenfrage: Was könnte man in diesem Land anderes sein als konservativ? »Man bräuchte ja nur zu konservieren, zu bewahren: Steine, Blumen, Kräuter, Hügel, Ecken, Profile, Mauern, Bögen, Gewölbe, Loggien ...« – eine endlose Liste.

Wir passieren *Die Mauern von Lucca*, so heißt ein Roman des 1910 in Lucca geborenen Autors und Journalisten Arrigo Benedetti, der den Weg der Langobarden beschreibt (*Il passo dei langobardi*) und machen uns auf die Suche nach dem alten Krankenhaus mit der Büste eines Wohltäters und dem faszinierenden Spruch »Wirf das Brot hin auf das Wasser«. Als wir die Umgebung Luccas befahren, stoßen wir auf die durch den Roman Mario Tobinos berühmt gewordene Irrenanstalt in Magliano bei Lucca, und springen damit in die Geschichte der Psychiatrie des 19. Jahrhunderts. »Das Irrenhaus liegt auf einem Hügel«, schreibt Tobino, »einem kleinen Hügel in der weiten Ebene um Lucca.« Der Hügel heißt *Santa Maria delle Grazie*, die Heilige Jungfrau der Gnaden.

Das nächste Dorf ist Magliano, und das ist der berühmteste Name in der Provinz Lucca. »In Magliano gewesen sein, heißt – und man lächelt dabei – verrückt gewesen sein.« Tobino, geboren in Viareggio, der bekannten, aber keineswegs schönsten Badestadt der Toskana, war Direktor der Frauenabteilung und Chefarzt der Psychiatrischen Anstalt. Mit seinem Roman *Die Frauen von Magliano oder Die Freiheit im Irrenhaus* hat er den, so Ceronetti, »absolut ungewöhnlichen Stadtführer für Lucca« geschrieben und den »vor die Tür gesetzten Wahnsinn« festgehalten. »Mein Leben verläuft hier in Magliano«, schreibt Tobino, »im Irrenhaus von Lucca. Hier spricht mein Gefühl. Hier sehe ich den Morgen dämmern und den Abend hereinbrechen und merke auf die verfließende Zeit. In meinem Zimmer des Irrenhauses mühe ich mich um die Menschen und liebe sie.« Tobino gelingt die Gratwanderung, einerseits »von jenem winzigen Teil meiner Umwelt ruhig und geordnet so zu sprechen, daß ich das Ganze im Auge habe«, und doch den gespenstischen Raum festzuhalten, in dem Halberloschene leben: »Fast alle bewegen sich langsam, wie benebelt, aufgrund jener Tropfen und Pillen.« Kaum ist er wenige Minuten dort, fühlt er: »feuchte Tollheit, Kälte, Hirn und Herzen zugeschlossen, Jammer; wie Vögel, wenn sie, an den Flügeln verletzt, auf einem Zweige warten, wobei ihr Blick ganz ohne Hoffnung ist.« Er findet Menschen »wie steifgefrorene Stengel, Worte ohne Blut, Gesichter ohne Religion, völlige Unwissenheit, völlige Leugnung dessen, daß es auf der Welt Großmut gibt.« Das Buch »enthält die schonungslose Gewißheit, daß der Wahnsinn existiert«, unter Qualen und in einem verzweifelten Gesang schreit Tobino sie seinen Verleugnern entgegen und wiederholt auf jeder Seite, »der Wahnsinn existiert, er existiert, er existiert ...« Und doch: »Der Verzicht auf Wahnsinn hätte eine sofortige, furchtbare Verarmung der Welt zur Folge.«

Wieder zurück in Lucca, machen wir einen Spaziergang in der Stadt, die aus dem Sumpf entstand, getränkt mit Dung, »überreich an weißen und rosigen Würmern«, wie Curzio Malaparte wußte. Der Widerschein der Sonne hüllt die wunderbar luftige Domfassade von San Martino in der Nähe der Stadtmauer mit den Säulen und Kapitellen in reines Licht. Im Inneren des 1060 unter Anselm Baggio, dem späteren Papst Alexander II., begonnenen Baus entdecken wir einen Giambologna-Altar, der als Relief das Stadtbild von Lucca zeigt. Die nahe Piazza Mercato erinnert an eine Arena – sie ging aus einem römischen Amphitheater hervor.

Man kann sich schwer losreißen vom Anblick des Turms des formvollendeten Palazzo Guinigi mit den großen Steineichen, die auf dem Dach des höchsten Geschlechterturms

Die hufeisenförmige Piazza Anfiteatro von Lucca

der Stadt gewachsen sind. Alte Bäume, glatt und grünsilbrig, knotig und mager. Dennoch zieht es uns ins Grüne, vor die Stadt, nur ein paar Schritte und wir erblicken die Bergkämme des Apennin:

> Trunkene, kalkige Rücken der Berge,
> stumme Szenerie, die du gelebt wirst vom stummen Mond
> lau über den Wiesen von Lucca

– Pasolinis Gedicht *Der Apennin.* Gute, fette Erde rundum. Doch die Toskaner mögen es lieber magerer; zu gute Erde, sagt ein Bauer, verdirbt die Menschen. Er zeigt uns die Weinberge, in denen sich im August 1944 Rudolf Borchardt und seine Familie versteckt hielten. An die zwölf Villen in der Umgebung von Lucca hatte er zwischen 1903 und 1944 fast kostenlos bewohnt, lustwandelte mit Panamahut in bester Laune in prachtvollen Parks, einen Halm zwischen den Zähnen, und saß im weißen Anzug zusammen mit Hugo von Hof-

37

mannsthal und Rudolf Alexander Schröder am Libretto der *Frau ohne Schatten*. Der deutschlandbegeisterte Vater dreier wehrpflichtiger Söhne, der sich 1914 sogar zum Kriegseinsatz gemeldet hatte, wurde 1944 schließlich von den Soldaten, die die Weinberge durchkämmten, gefunden, mußte die Toskana verlassen und wurde von der SS verhaftet. Sein autobiographischer Bericht *Anabasis*, nach Xenophons Geschichtswerk benannt, zeigt seine Entwicklung vom naiven Patrioten zum scharfsinnigen Beobachter. Ein beklemmendes Buch über den italienischen Kriegsschauplatz. Er beschreibt, wie die Hitlertruppen, »unbeschränkte Herren des wehrlosen Landes«, die vorgeblichen Bundesgenossen praktisch als Eroberer behandelten, wie die Toskaner, »von Verboten, Drohungen, Anherrschungen« hin- und hergestoßen, geschmeidig auswichen, lächelten »und schickten sich, gaben achselzuckend und mit beherrschten Gesichtern«, was man ihnen abforderte: Autos, Fahrräder, Radioapparate, Näh- und Schreibmaschinen, Fuhrwerke und Zugtiere, selbst die Nahrungsmittel. »Mit dem letzten rein militärischen Platzkommandanten von Lucca, der sein Amt an die SS abgab, begann die absolute Plünderung, die systematische Verwüstung der herrlichen Kulturlandschaft, die seit dem Mittelalter keinen Feind auf ihrem Boden gesehen hatte, die gräßliche Menschenjagd ...«

Wir fahren die herrlichen Villen in der nahen Umgebung von Lucca ab, sie sind einen Besuch wert, vor allem die *Villa Mansi*. Hier komponierte Giacomo Puccini die Oper *Tosca*. Nach ihm fand hier der jüdische Schriftsteller und Mussolini-Verehrer Rudolf Borchardt eine Bleibe und mußte, wie man berichtet, Puccinis Geist mit Weihrauch vertreiben. Und während seine Nachbarn in jener trockenen Art, die den Toskanern eigen ist und die darin besteht, daß man über jemanden so spricht, als spreche man über niemand, über Hitler und die Judenverfolgungen redeten, erlag Borchardt dem totalen nationalen Rausch. Er machte seine Honneurs bei Mussolini und überreichte ihm mit einem Kotau seine Übersetzung der *Commedia*. Kurz, er tat alles, um in der Familie der Toskaner zu bleiben, und erst, als die Deutschen Italien unsicher machten, kamen ihm Zweifel. Da war es aber auch schon zu spät.

Kaum aufgearbeitete Konflikte um die Vorgänge im Zweiten Weltkrieg werden wach, wenn jedes Jahr im Sommer in Lucca und Sant'Anna di Stazzema am Fuß der Apuanischen Alpen Friedenskonzerte, Lesungen und Ausstellungen abgehalten werden. Eine Erinnerung an den Tag der Befreiung, aber auch an das Jahr 1943, als das Land von deutschen Truppen besetzt wurde, die, mordend und Feuer legend, nicht nur gegen die Partisanen, sondern auch gegen die Zivilbevölkerung vorgingen. »In diesen Mauern hält man sich nur vorübergehend auf. / Hier ist das Ziel: abreisen.« So sah es der in Alexandria geborene Giuseppe Ungaretti, Vertreter der *poesia ermetica*, einer schwer zugänglichen Dichtung, in seinem Gedicht *Lucca*, das Ingeborg Bachmann übersetzte. Die traditionellen lyrischen Sprachmittel betrachtete Ungaretti als erschöpft und versuchte, der Sprachlosigkeit des modernen Menschen in einer entfremdeten Welt wieder neues Leben zu geben.

Giacomo Puccinis Geburtshaus – er ist wie Luigi Boccherini Sohn der Stadt Lucca – an der Via di Poggio in Lucca hat uns auf Torre del Lago am See von Massacciuccoli neugierig gemacht, wo Giacomo Puccini Enten jagte und an dem seine mit Trophäen vollgestopfte Villa liegt. Kurz entschlossen nehmen wir in Lucca das Auto, fahren über die Autostrada A 12 Richtung La Spezia, biegen an der Ausfahrt zum See in eine Landstraße ein und stehen eine halbe Stunde später vor dem Haus. Eine stattliche Villa auf schönstem Platz, die Wände bedeckt mit Hirschgeweihen, Jagdfotos und ausgestopften Vögeln, ausgestellten Widmungen, Glückwünschen und Telegrammen. Helmut Krausser hat einen amüsanten Dokumentarroman über *Die kleinen Gärten des Maestro Puccini* geschrieben, womit Puccini, der sich über jede »vagina fresca« freute, seine erotischen Eskapaden meinte.

»Der Morgen dämmert über dem Massacciuccoli-See. Rosa- und Rottöne blühen, Schatten schälen sich ab von den Dingen. Die Villa auf der Landzunge beginnt zu leuchten, wie im fernen Hintergrund der Berge, bald darauf wird am Horizont die Dorf-Enklave sichtbar, nicht mehr als zwölf Häuser im Dunst. Eine Ente flattert auf. Der Jäger reißt sein Gewehr hoch, drückt ab. Der Schuß zerreißt die Stille, nebenbei auch die Ente, doch statt zerrissene Stille wiederherzustellen, glattzubügeln durch Gleichmut und Diskretion, fliegen in der nächsten Sekunde weitere zwanzig Enten los aus dem Schilf. Der Jäger verschießt die zweite Schrotpatrone, zieht aus dem Koppel einen Revolver und feuert dessen Trommel leer. (...)
Der Jäger greift in totes Gefieder, erntet die Beute ab.«

Ein fanatischer Tier- und Frauenjäger. Vielleicht wollte Puccini mit seiner Musik die Frauen betören und hätte wohl Heinrich Heine zugestimmt:

»Aber wie schön sind sie erst, diese Italienerinnen, wenn die Musik ihre Gesichter beleuchtet. Ich sage: beleuchtet, denn die Wirkung der Musik, die ich in der Oper auf den Gesichtern der schönen Frauen bemerke, gleicht ganz jenen Licht- und Schatteneffekten, die uns in Erstaunen setzen, wenn wir Statuen in der Nacht bei Fackelschein betrachten. Diese Marmorbilder offenbaren uns dann mit erschreckender Wahrheit ihren innewohnenden Geist und ihre schauerlichen stummen Geheimnisse. In derselben Weise gibt sich uns auch das ganze Leben der schönen Italiene-

Via Becceria, Lucca

rinnen kund, wenn wir sie in der Oper sehen; die wechseln-
den Melodien wecken alsdann in ihrer Seele eine Reihe
von Gefühlen, Erinnerungen, Wünschen und Ärgernissen,
die sich alle augenblicklich in den Bewegungen ihrer Züge,
in ihrem Erröten, in ihrem Erbleichen und gar in ihren Augen aussprechen. Wer zu lesen versteht, kann alsdann auf
ihren schönen Gesichtern sehr viele süße und interessante
Dinge lesen, Geschichten, die so merkwürdig wie die Novellen des Boccaccio, Gefühle, die so zart wie die Sonette
des Petrarka, Launen, die so abenteuerlich wie die Ottave-
rime des Ariosto, manchmal auch furchtbare Verräterei und
erhabene Bosheit, die so poetisch wie die Hölle des großen Dante. Da ist es der Mühe wert, hinaufzuschauen nach
den Logen.«

Auch D'Annunzio kommt nach Torre del Lago am Massac-ciuccoli-See, um mit Puccini über ein neues Opernlibretto zu beraten. D'Annunzios ersten Vorschlag, eine Oper namens *Parisina*, lehnt Puccini ab, der Stoff sei ihm zu weich, zu innerlich, zu romantisch; auch D'Annunzios emphatische Schilderung der musikalischen Möglichkeiten, die in diesem Stoff liegen, überzeugen ihn nicht. D'Annunzio, der erste Dichter im Lande, ist beleidigt und schreibt an Camillo Bondi am 31. August 1906:

»Meine Kontakte zum Lucchesischen Meister sind unfruchtbar gewesen. Er fürchtet sich vor der Übermacht der Poesie. Zwei ausgezeichnete Stoffe – *Parisina* und *La Rosa di Ciprio* – fand er zu großartig für sich. Schließlich gestand er mir, er brauche eher eine kleine, leichte Sache, die er in ein paar Monaten, zwischen der einen Reise und der anderen, komponieren könnte. Und dafür wendet er sich an den Dichter der *Francesca da Rimini*!«

Etwas später lenkt D'Annunzio, der auf dem Collegio Cicognini in Prato neben einer hervorragenden Bildung eine ungewöhnliche Meisterschaft des Toskanischen errang, der aber immer Geld braucht, ein und versucht, mit der Kraft dichterischer Worte, die ihm Krausser in den Mund legt, Puccini den Stoff schmackhaft zu machen:

»Sie wollen das Publikum zum Weinen bringen, Maestro, gut, also bitte: Was gibt es da Besseres als den *Kinderkreuzzug*! Schon allein der Titel: *Kinderkreuzzug*. Großartig. Mythische Zeit. 12. Jahrhundert. Als es noch fliegende Drachen gab. Und Inbrunst. Und Wunder. Zu Tausenden von zu Hause ausgerissene Kinder, in einer fernen Wüste, zerlumpte, halb verhungerte Kinder, zwanzig oder dreißig sind übrig, die wenigen, die noch nicht gefangen und als Skla-

ven in arabische Länder verkauft wurden, die wenigen, mit
ihren großen selbstgebastelten Holzkreuzen, die sie vor sich
her tragen, immer noch religiös beseelt, unter starken, vio-
letten Wolken, aus denen Lichtstrahlen brechen, und vor-
ne, an der Spitze des Zuges, die beiden ältesten, er sechzehn,
sie vierzehn, eine zarte, sich unbewußte Liebesgeschichte,
die tragisch zu Ende geht in einem Sandsturm, der langsam
den letzten Choral überrollt, bis am Ende nur noch der
Wind braust und die Gnade Gottes in den dräuenden Wolken bricht, ein wuchtiges, dennoch samtiges Gleißen, ein
lange strahlender, dann ersterbender Akkord. Misterioso.
Und Schwarz. Alles Schwarz ... Tiefes Schwarz!!
    Überlegen Sie nicht zu lang! Das ist ein gewaltiger Stoff!
Ein gewaltiger Stoff. Wir zwei schaffen das!«

Puccini vertagt eine Entscheidung, und erst Jahre später wird
der Stoff zwischen beiden noch einmal diskutiert, doch es
wird nichts daraus. Puccini ist mit privaten Querelen beschäf-
tigt und kränkelt, ist ohne Inspiration.
    Nicht um eine *vagina fresca*, sondern um *aqua fresca* bit-
tet der sterbende Giacomo Puccini, und die Chronique scan-
daleuse, die Helmut Krausser über die Verstrickungen des
weltberühmten Opernkomponisten schreibt, endet mit einem dilettantischen, melancholischen Gedicht vom 23. März
1923:

Ich bin ohne Freund,
fühle mich allein,
selbst die Musik
widert mich an.
Wenn der Tod
mich suchen kommt,
werde ich glücklich sein,
endlich Ruhe zu haben.

Wie hart ist mein Leben!
Und dennoch erscheine ich
vielen als Glückskind.
Aber meine Erfolge?
Vergehen ... es bleibt
am Ende so wenig.
Notizen am Rande, das
Leben entschwindet,
schreitet zum Abgrund.
Den Jungen gehört
die Welt, aber wer wird
sich dessen bewußt?
Die Jugend verfliegt so
schnell, und das Auge
starrt in die Ewigkeit.

4. Ein Stück Holz

Vom Massacciuccoli-See nach Collodi

Nach einer Badepause in der Montecatini-Therme, wo wir kurz unsere Glieder auflockern, entfliehen wir dem allzu regen Badeleben wieder über die Landstraße, die sich am Dorf Buggiano vorbei an endlosen Olivenhainen windet. Schafherden verströmen schmuddelige Atemwölkchen und nähern sich dem Zaun mit braun verschmierten Bäuchen. Sie stehen einfach nur da und mahlen methodisch mit ihren Kiefern, bis ein schwarzer Hund sie wieder davontreibt.

In Kürze erreichen wir das uralte winzige Bergdorf Collodi bei Pescia mit seiner einzigen Straße, das sich mitten im Wald, schmal und nach oben verjüngend, über einem Teil des Schlosses erhebt. Das an einer etruskischen Stätte auf einer Felsspitze der Apuanischen Alpen erbaute Dörfchen schläft. Überall kleine Gemüsegärten, gelbe und weiße Narzissen, die sich im Wind wiegen, ein Esel schreit. Über den Bergketten hängt noch ein halber bleicher Mond. Es ist kalt. Im Olivenhain überzieht ein Tauschmelz die Blätter. Holzstöße vor den Häusern warten auf den nächsten Winter und erinnern an den ersten Satz im Jugendbuch *Pinocchio* des Florentiners Carlo Lorenzini, der sich nach der Heimatstadt seiner Mutter Collodi, *Carlo Collodi* nannte und damit den Charakter des Dorfes prägte: »C'era una volta un pezzo di legno« – Es war einmal ein Stück Holz.

Er muß den kleinen Carlo, den Enkel von Bediensteten im Schloß, äußerst beeindruckt haben, der berühmte Schloßgarten am *Unteren Schloß*, den die reiche Familie Garzoni aus Lucca gebaut hatte, wie auch die beiden Schlösser, den Ort und die dazugehörigen Dörfer. Die Adelsfamilien nahmen das Dorf Collodi im 10. Jahrhundert in Besitz und bauten sich auf dem Berg ein geräumiges, zweiteiliges Schloß mit einem französischen Garten – einem Lustgarten, herrlich gestaltet mit ansteigenden Terrassen, Freitreppen und einem Sommerpavillon, der im Lauf der Jahrhunderte entstand, mit einem Fluß, der vom Gebirge herunterkommt, zu kleinen Seen gestaut, die wiederum Bäder mit warmem Wasser versorgten, mit kleinen erlesenen Badehäusern und Kaskaden, von denen nur noch wenige erhalten sind. Mythische Skulpturen von Göttern, Heroen und Kaisern hat das Universalgenie des 18. Jahrhunderts Ottaviano Diodati im Park versammelt, ein genialer Gartenarchitekt, Maler, Mathematiker, Zeichner, Artillerist und Dichter, der dem Garten mit seiner Phantasie ein ganz eigenes Maß gab. Herrliche Figuren, Götter, Flußgötter, Helden, Sagengestalten, Kaiser – einer würdigen Kompagnie von blödelnden Affen gegenübergestellt, als wollten sie die Edlen von ihrer eigenen Verrücktheit überzeugen, zeigen Diodatis Sinn für das Ironische, Ketzerische. Im unteren Bereich des Parks Säulen, Fabelwesen, groteske Figuren, Vogelwesen. Dazu das Spiel von Licht und Schatten: Kaskaden, in denen sich das Licht spielt, von dunklen Bäumen eingerahmt. Und als sei es das Natürlichste von der Welt, laden uns absichtsvoll verblaßte Farben und falscher Marmor ein, an die Vergänglichkeit zu denken.

Was für Eindrücke für ein Kind! Ein Park voller Verrücktheiten, vergnüglich, geheimnisvoll, gefährlich, und nie lasziv, immer manierlich und geordnet, in einem liebenswerten, fast unmerklich entgleisten Universum – wenn einen das nicht auf phantastische Gedanken bringt!

Und indessen vergehen die Jahre, aus dem kleinen Carlo wird der Halbwüchsige und schließlich der Erwachsene, der ursprünglich die kirchliche Karriere wählen sollte, ein Wedelschwinger soll er werden, züchtig, bescheiden und gottesfürchtig. Wer weiß, was aus Carlo in den Händen jener kirchlichen Herren geworden wäre, und gedankt sei den politischen Zeitläuften, die dies verhinderten! Der Ruf nach Freiheit und Einheit ging durch das Land. Carlo begeisterte sich für die neue Bewegung des Risorgimento, wäre selbst vor Gewalt nicht zurückgeschreckt. Einen Verschwörer aber konnte die Kirche in ihren Reihen nicht brauchen. So daß der junge Mann sich nach einigem Nachdenken entschloß, Redakteur zu werden, um mit Worten die Welt umzustülpen.

Doch da dies nicht gelang, flüchtete er zu der wunderbaren Verrücktheit seiner Kindheit: Er strebte mit der ganzen Kraft seines Herzens danach, sich den Regeln des Erwachsenenlebens zu entziehen, und schrieb sein Leben lang spielerisch zwischen den Realitätsebenen. In seinen Erzählungen widmete er sich den Jugendlichen und schätzte die Welt der Kutscher, Säufer und Straßenjungen. Er zeichnet die Menschen in ihrer ganzen Brüchigkeit, mit ihren Narben und Schrunden, ganz wie die abblätternden Figuren in den Gärten.

Es ist sicherlich eine Legende, daß der Lausbub Collodi, der immer voller witziger Ideen steckte und dem es in der Schule so gar nicht gefiel, bereits in der Schloßküche in Collodi, wo seine Großeltern und sein Onkel arbeiteten, *Pinocchio* erfand und über ihn fabulierte. Zweifelsohne war die große Küche, in der das Personal zusammenkam, ein Refugium und prägte seinen Blick für die kleinen Leute und ihre Sprache.

Zu all diesen Wundern im Park kam noch etwas faszinierend Kniffliges und Geheimnisvolles für den kleinen Carlo: das Labyrinth nahe dem Schloß. Ein Irrgarten, der den Suchenden seinen eigenen Gesetzen unterwirft: Wer herausfindet, ist gerettet, findet den Weg zum Heil. Doch meist erliegt man dem Verwirrspiel und landet in der Ausweglosigkeit, und alles beginnt von vorn. Wer nicht herausfindet, geht in die andere Welt, den Tod. Hier entspringt die Philosophie Collodis, der seinen Pinocchio immer wieder gegen die Gesetze der Menschen und der Natur anrennen läßt, bis er sich in einen braven und normalen Jungen verwandelt. Pinocchio stärkt den Kinderglauben, daß es in der Welt so etwas wie Gerechtigkeit gibt und das Gute belohnt und das Böse bestraft wird. Und daß aus einem Unfreien, einem Hampelmann, schließlich ein freier Mensch werden kann.

Collodis Geschichten lösen sich nicht immer auf, das ist seine kluge Vorsicht, und halten das Leben in seiner schrecklichen Rätselhaftigkeit vor den Kindern nicht fern, aber er gibt behutsame Hinweise auf einen Ausweg. Collodi kämpft gegen Trägheit, Gleichgültigkeit und Hochmut der Erwachsenen, dieses ewige *Hör-auf-mich*, das *Sei-still-du-Bengel*, das *Verschwinde-und-laß-mich-in-Ruhe*. Collodi ist immer auf der Seite des liebenswerten »Bengels« – *Pinocchio* bedeutet in etwa »kleiner Bengel« – während er die überheblichen Erwachsenen äußerst kritisch sieht. Waren sie nicht auch einmal aufrührerische, ungebärdige Kinder mit der Lust, über die Stränge zu schlagen? Er schüttelt über ihre Verständnislosigkeit den Kopf. Doch wer besitzt schließlich mehr Stolz und Verschlagenheit als ein Kind? Wer versteht es besser, seine persönliche Würde mit List zu verteidigen?

Die Hinweise auf Pinocchio werden immer eindringlicher, wenn wir den kleinen Platz in Collodi betreten: Jeder Souvenirstand und jedes Geschäft quillt über von kleinen hölzernen Hampelmännern, denen bei jeder Lüge die Nase wächst, und wenn ein Toskaner bezweifelt, was ihm erzählt wird, verlängert er mit zwei Händen symbolisch seine Nase.

Im Parco di Pinocchio neben dem edlen Schloßpark steht das Denkmal für Pinocchio des Bildhauers Emilio Greco: Pinocchio mit der Fee, die seine Entwicklung vom Hampelmann zum Menschen begleitet. Ein von Kindern aus ganz Italien viel besuchter Park mit den Figuren und Fabeltieren aus Collodis Märchenerzählung.

In Buchform erstmals 1883 erschienen, wurde Collodis *Le avventure di Pinocchio* sofort zum Bestseller und wurde

Der in Terrassen angelegte Garten der Villa Garzoni in Collodi

in sämtliche Sprachen übersetzt. Später hat die Verfilmung Luigi Comencinis den Ruhm des kleinen toskanischen Helden gemehrt. Aus Federico Fellinis Filmplan ist nichts geworden, dafür drehte Roberto Benigni mit seinem erfolglosen *Pinocchio* den teuersten Film Italiens. Carlo Collodi erreichte weder mit seinen Erzählungen noch mit dem 1875 publizierten Roman *I misteri di Firenze*, Die Wunder von Florenz, in dem er auf den Spuren Eugène Sues wandelte, noch mit *Un romanzo in vapore. Da Firenze a Livorno*, einem liebenswerten Roman aus der Welt der Eisenbahn, den Erfolg von *Pinocchio*. Auch seinem journalistischen Kollegen Luigi Bertelli, unter dem Namen Vamba bekannt, gelang es mit seinen in toskanischem Dialekt verfaßten Gedichten und Geschichten für Kinder nicht, Collodis Erfolg einzuholen.

Weich gerundete Hügel, bewaldeter Apennin und die schroffen Apuanischen Alpen: Wir fahren durch das abgelegene Hochtal der Garfagnana, wo die Bauarbeiten zu einer der größten tibetanischen Hängebrücken der Welt begonnen haben. Zweihundert Meter lang und nur einen Meter breit soll die Brücke über den großen Stausee führen, mit Blick auf das Geisterdörfchen Fabbriche di Careggine, das vor über fünfzig Jahren dem Stausee weichen mußte und dessen Reste im Wasser zu bestaunen sind. Wir kommen in den kleinen Ort Barga, eine Seidenweber-Stadt, wo wir, nach einem Besuch des mittelalterlichen Kastells und des Doms San Cristoforo mit den zwei Löwen tragenden Säulen und der beeindruckenden Kanzel übernachten. Auf der Piazza spielt ein Puppentheater, das *teatro die burattini*, das Handpuppentheater. Die beiden Hauptfiguren Fagiolino und Pantalone verkörpern mit ihrem Mutterwitz das Erbe der *commedia dell'Arte*, doch existieren neben dem traditionellen Puppenspiel auch *burattini* für Erwachsene, mit Stücken von George Bernard Shaw, Bertolt Brecht und Wladimir Majakowski.

Es ist nur ein kleiner Fußmarsch nach Castelvecchio, wo auf dem Friedhof das Grab Grab Giovanni Pascolis liegt, der hier von 1855 bis 1912 lebte. Ein einfacher Friedhof, und doch besitzt er, wie alle Friedhöfe, bestimmte kraftvolle Eigenschaften. Er stutzt zurecht, dämmt Verstiegenheiten ein, lenkt das Verhältnis zwischen den großen und den kleinen Dingen, den irdischen und den göttlichen.

Die Stunde von Barga

Zu meinem Winkel, darin ich umwunden
weiter nichts höre denn Felder wogen,
kommt mit dem Winde der Klang der Stunden
vom unsichtbaren Bergdorf gezogen:
Klang, der sich ruhig auf mich beugt,
wie eine Stimme, die überzeugt.

Du sagst: Es wird Zeit! Du sagst: Ich muß gehen!
Stimme, die ruhig vom Himmel fiel;
doch laß mich noch ein wenig sehen
den Baum, die Spinne, die Biene, den Stiel;
Dinge, die seit Jahrhunderten sind,
ein Jahr, einen Tag alt – jene Wolken im Wind.

Wieviel von der alten Toskana hat der ebenso naive wie kunstvolle Lyriker Giovanni Pascoli bewahrt, und darüber hinaus volkstümlich Bildhaftes überliefert. Pascoli, der 1903 an der Universität von Pisa lehrte, lebte zurückgezogen in der ländlichen Stille seines Hauses in Castelvecchio, voll tiefem Unbehagen an der Gesellschaft seiner Zeit. Hermann Hesse schrieb über diesen »Erlauscher feinster Töne«, er sei schwer zu übersetzen und auch im Original schwer zu lesen, da viele seiner *Poemetti* so voll »feiner Tonmalerei« seien.

Die alte Toskana, hier scheint sie noch lebendig zu sein.

Hier gibt es noch ein paar Bauernhäuser, die nicht vom Landvermesser erschlossen und in kleine rosafarbene Villen umgewandelt sind.

In seinem Lyrikband *Myricae* (Tamarisken) hat Pascoli diese Bilder des toskanischen Landlebens beschworen, ein »demütiges Thema, das im Dunkel und im Schweigen heranwächst«. Idyllische Szenen einer Welt, die heute am Schwinden ist. Zwei Bauern auf dem Feld erinnern uns an die Zeilen des toskanischen Lyrikers Cesare Viviani:

Zwei Brüder, Bauern, auf dem Feld.
Der eine arbeitet,
der andere ruht aus und sieht ihm zu.

5. Ein über alle Maßen schöner Knabe
Von Barga nach Pisa

Unsere Reise führt uns den Fluß Serchio entlang wieder Richtung Lucca und über die A 11 und A 12 nach Pisa. Schon aus der Ferne leuchtet neben der weißschimmernden Domkuppel der Schiefe Turm. Wir biegen ab und und landen kurz darauf auf der wundervollen *Piazza dei Miracoli*, dem Platz der Wunder. Wie Silberplatten gleißen die blendend weißen Bauwerke, im Unterschied zu anderen Plätzen in Beziehung zueinander gesetzt. Ein wunderschön korrespondierendes Bauensemble, komplett in der Ausstattung des 12. Jahrhunderts erhalten, das das kurzlebige Selbstbewußtsein der alten Seemacht Pisas widerspiegelt, einer Weltmacht, die Pisa 1248 nach dem Untergang der Staufer verlor, als die gesamte pisanische Flotte von Genua vernichtet wurde. Wahrscheinlich waren die Pisaner ebenso wenig große Seefahrer wie die Venezianer, sondern ein Bauernvolk, gewohnt, ihr Land gegen den Sumpf zu verteidigen. An den Stirnwänden die Zwerchgalerien der Kathedrale Santa Maria mit ihren zierlichen Säulen und Kapitellen, hier entdecken wir Säulenkränze, die mit jenen des Campaniles korrespondieren, was dem Ganzen einen filigranen Anstrich wie Spitzenwerk gibt. Zwar suchte man einen Bauplatz mit trockenem, festem Boden, doch auch außerhalb der Stadtmauer fand man ihn nicht: Der Schiefe Turm steht auf Schwemmland und neigt sich leicht, wie übrigens sämtliche Gebäude Pisas, nur sieht man das nicht.

Das Wunderwerk dieses Platzes vervollkommnet das Baptisterium, weiß strahlend wie die anderen Bauten, mit den feinen Akanthus-Ranken zu beiden Seiten des Hauptportals, mit ihren kleinen Frauengestalten und der Madonna Giovanni Pisanos. Nicola Pisano hat die freistehende Kanzel um 1259 geschaffen, ein Meisterwerk der toskanischen Kunst.

Geburt, Taufe, Tod. Hier liegen auch die Toten im sakralen Bauwerk des Camposanto von Pisa, »dem einzigen Camposanto, den es in der Welt gibt«, so Malaparte, »alle anderen sind Friedhöfe«. Hierhin verirren sich die Touristen selten.

Im restaurierten Freskensaal nimmt uns das Fresko eines unbekannten Künstlers *Triumph des Todes* ein, ein berührendes Bild. Der Tod ist eine Frau mit langem, blondem Haar und diabolischen Flügeln. Engel und Teufel kämpfen um die Seelen der Opfer – auf der linken Seite des Freskos eine Gruppe von Krüppeln, Armen und Kranken, doch der Tod setzt seine Sense bei der vornehmen Gesellschaft an und ereilt sie beim Musizieren oder beim Liebeswerben. Eine ausreitende vornehme Jagdgesellschaft stößt auf drei Tote in offenen Särgen und reagiert mit Abscheu, Entsetzen und Brechreiz auf diese unvermutete Konfrontation. Ein Spruchband erinnert an die Vergänglichkeit des Lebens: »Quod fuimus, estis, quod sumus, eritis« – Was ihr seid, das waren wir, was wir sind, das werdet ihr sein – das Lebensgefühl des 14. Jahrhunderts. Die literarische Vorlage für dieses Fresko: die *Lebensgeschichten der heiligen Väter*, vom Pisaner Dominikanerpater Domenico Cavalca in die Alltagssprache übertragen.

Als Pisa am 27. Juli 1944 im Zweiten Weltkrieg bombardiert und zur Hälfte zerstört wurde, fing auch das Dach des Camposanto Feuer und die Fresken, die den ganzen Camposanto überzogen, wurden beschädigt. Bei den Restaurierungsarbeiten 1945 entdeckte man die kostbaren Sinopien, die Rötelzeichnungen unter den Fresken, heute gegenüber dem Camposanto im schön gestalteten Sinopie Museum zu sehen.

Ein anderes Bild erinnert uns an Boccaccios Garten im *Decamerone*. Eine Gruppe junger Menschen, in ein eindringliches Gespräch vertieft, sitzt unter Bäumen, mit Musikinstrumenten in den Händen, als wollten sie die Teufel und Engel draußen herausfordern, die die Pesttoten himmel- oder höllenwärts entführen.

Wir setzen uns auf die Treppen im Innenhof des Camposanto, ursprünglich *camposanto d'oltremare*, heiliger Acker jenseits des Meeres genannt, ein mythischer Ort. 1202, so heißt es, habe Erzbischof Ubaldo dei Lanfranchi, der Anführer der pisanischen Flotten im Ersten Kreuzzug, dreiundfünfzig Schiffsladungen mit heiliger Erde von Golgatha hier niedergelegt. Die Stadtmauer ist so geführt, daß links vom Camposanto ein Viereck ausgespart ist. Da befinden sich bis heute die Grabstätten der Juden – innerhalb der Stadtmauer wollte man sie nicht dulden. Zypressen umrahmen die Treppen.

Zwei schwarze Zypressen.

Doch dein Geheimnis ist vielleicht geboren,
wo die beiden schwarzen Zypressen stehen,
vom Schoß des Todes, vor dem triumphalen
Wald aus Jugend und Baum, den in des Festtags Freuden
der Künstler schuf auf Mauern ohne Aug' und Ohren
wie einem heiteren Himmel. Vielleicht wird's geschehen,
daß hier ich eines Tages meinen
Geist, ohne einen Sturm, bewege, sich in neue
Flügel zu kleiden.

Diese Zeilen stammen von D'Annunzio, der mit seinen Lobgesängen, den »Laudi del cielo del mare della terra e degli eroi«, ab 1899 verfaßt, den Höhepunkt seiner Lyrik erreichte. Darunter befindet sich das berühmte Buch *Alcyone*, in dem er die Landschaften der Toskana preist – Texte, die bis heute lebendig geblieben sind.

Der Wind, der für die Etrusker aus der Hölle kam, wiegt die zwei schwarzen Zypressen im Innenhof, und wir denken

Val d'Orcia

an das baufällige, verwilderte Grab des amerikanischen Dichters Ezra Pound, mit seinem sinkenden Stein und einer geknickten zerzausten Zypresse auf der Toteninsel San Michele, dem venezianischen Friedhof. Am 24. Mai 1945 wurde der sechzigjährige Zivilist Pound, der sich zwanzig Jahre zuvor mit seiner Frau und seiner Freundin in Italien niedergelassen und Freundschaft mit Eugenio Montale, der ihn auch übersetzte, Umberto Saba und Italo Svevo geschlossen hatte, bei Pisa in ein Internierungslager der amerikanischen Armee gebracht. Er hatte Hitler als »epileptischen Hinterwäldler« bezeichnet, Mussolini jedoch für einen Hoffnungsträger gehalten und dies in schwärmerischen Rundfunkansprachen aus Italien verkündet. Wie die straffällig gewordenen Soldaten und die Todeskandidaten wurde er in einen *Gorillakäfig* von drei Metern Durchmesser gesperrt, den Kopf gegen die Metallmaschen gestemmt, die geballte Hand in den halb geöffneten Mund gepreßt, die Wolldecke um den Körper gelegt, von Scheinwerfern angestrahlt. Nach dem völligen Zusammenbruch wurde er in ein kleines Zelt in der Sanitätsstation verlegt, doch die Isolationshaft wurde fortgesetzt. Erst nach einem halben Jahr gestattet man ihm eine Schreibmaschine und er schrieb die *Pisaner Gesänge:*

La vespa, la vespa, Lehm, auf Schwalbenart
so daß mir beim Träumen von Brocéliande und
von Perugia
und der großen Fontäne auf der Piazza
oder von des alten Bulgaio Kater, der mit wohlgezieltem
Satz
die Klinke hinunterdrücken konnte,
aufgeht, daß Mr Walls eine Kanone sein muß
bei den Signorias
und in der Wärme nach frostigem Sonnenaufgang
hat ein Kind, grün wie das junge Gras,

Steiß oder Kopf gereckt
aus Madame La Vespas Flasche.

Minze schlägt wieder aus
trotz Jones' Nagetieren
wie schon der Klee am Gorillakäfig
mit einem Vierblatt

Wenn der Sinn haftet an einem Grashalm
wird ein Ameisenbär dich retten
das Kleeblatt schmeckt und duftet wie seine Blüte

Das Kleinkind stieg nieder
vom Lehm des Zeltdachs zu Tellus,
gleich zu gleicher Farbe geht es unter Grashalmen
und grüßt jene die unter Xthonos hausen

Dreizehn Jahre inhaftierte man ihn in Amerika in einer Anstalt für geistig gestörte Kriminelle, erst nach einem interna-
tionalen Protest, dem sich auch Hemingway anschloß, kam
er frei – und kehrte nach Italien zurück.

Diese unzerstörbare Liebe zu Italien zeichnete auch den
Dichter Franco Fortini aus:

Jetzt gewahre ich daß ich dich liebe,
Italien, daß ich dich grüße,
unabdingbares Gefängnis.

Nicht um der leidtragenden Straßen,
der Städte, runzlig wie Menschengesichter,
nicht um der Asche der Passion
in den Kirchen, nicht um der Stimme
deiner fernen Bücher willen,

sondern der Worte halber.

Für den nüchternen Hippolyte Taine gibt es zwei Pisa: »das eine, in welchem man sich seit dem Verfall gelangweilt und wie in der Provinz stumpf dahingelebt hat, umfaßt die ganze Stadt, mit Ausnahme eines abgelebten Winkels; dieser Winkel ist das andere, ein Grab aus Marmor, in welchem der Dom, das Baptisterium, der schiefe Turm und der Campo Santo schweigend ruhen wie schöne, tote Wesen.« Doch ganz stimmt das heute nicht mehr. Sicher, der Platz ist von großer Repräsentanz und doch von merkwürdiger Fremdheit, wie eine Blüte im Sumpf. Auch daß Pisa heute eine Stadt wäre, in der man stumpf dahinlebt, erweist sich als falsch, sobald wir die touristischen Attraktionen auf dem Domplatz verlassen. Abseits davon findet das normale, umtriebige toskanische Leben statt. Über die Via Santa Maria und eine der drei Brücken über den Arno, die wir überqueren, genießen wir den Blick auf die *lungarni*, die von Palazzi gerahmten Uferstraßen, und landen am Lungarno Mediceo Nr. 30. Hier steht der Palazzo Toscanelli, ursprünglich im Besitz der Lanfranchi, wo Lord Byron, der in Italien einen regelrechten Byron-Kult entfachte, 1821 für ein knappes Jahr, zurückgezogen und einem geregelten Tagesablauf folgend, lebte, wie es damals üblich war: Ein präziser Zustand mit einem Levée zur Mittagszeit und einer Tasse Tee, um drei Uhr Ausritt, um sieben ein wenig Fisch und Kartoffeln, um neun ein kleiner Besuch bei der schönen Teresa, Tochter des Grafen Gamba, nebenan, schließlich, eingebettet in das moralische Knochengerüst von edler Klarheit, der Überschwang des Schreibens bis zum frühen Morgen, mit reichen Gesten und Worten und einem Glas Wein. Lord Byron war da bereits vierunddreißig Jahre alt und hatte die wilden Gelüste und Ausschweifungen der Jugend zum Teil hinter sich. Nun ist er mit seiner Gestalt des Don Juan eng verwoben, eines Helden, der bei ihm im Gegensatz zu Mozarts Don Giovanni eher schmächtig, schüchtern, »weiblich weich«, »ein über alle Maßen schöner Knabe« ist, »schlank und jüngferlich, / Bartlos und blühend«. Sein Schöpfer verkehrte im *Pisaner Kreis* aus vorwiegend englischen Knabenliebhabern – in Pisa begründete er den Jugendkult.

Wir folgen der Verlängerung der Brücke und stehen auf der Piazza Garibaldi, Mittelpunkt des historischen Zentrums und beliebter Treffpunkt der jungen Leute. Überall Schwärme von Studenten, auch an der Piazza Dante Alighieri – wie lebendig diese Universitätsstadt ist, in der bereits 1329 die erste toskanische Universität aus einer Rechtsschule des 12. Jahrhunderts entstand. Das sterbende Tageslicht, das gegen die Fassaden der Häuser stößt, fällt auf die Häuser zurück und läßt die Zimmer golden beleuchtet erscheinen. *Le dorate stanze*, Goldene Zimmer, so der Titel eines Romans der in Pisa geborenen Luisa Adorno, der 1985 erschien, in dem sie die Zimmer ihrer Pisaner Jugend erhellt, wobei sie geschickt Privates und Gesellschaftliches miteinander verknüpft. In ihrem Roman *Arco di luminara* analysiert die Autorin die Stellung der Frau im italienischen Gewirr der Familien- und Verwandtschaftsbeziehungen nicht ohne Ironie.

Wir stoßen auf eine Gedenktafel für Giuseppe Mazzini, der 1872 in Pisa starb. Der 1805 in Genua geborene Philosoph, Schriftsteller und Literaturkritiker, entscheidend für die Geschichte des modernen Italien, hielt sich hier unter dem Decknamen Joseph Brown verborgen. Er war der geistige Führer des demokratischen Flügels des »Risorgimento« und glaubte ein Leben lang daran, daß Kunst und Literatur als höchster Ausdruck menschlichen Denkens am ehesten geeignet seien, die Menschen zu einem friedlichen, gesamteuropäisch orientierten Zusammenleben zu erziehen. Von London aus hatte er, der Kontakte zur *Carboneria* unterhielt, Aufstände in Italien organisiert und in flammenden Appellen zum Kampf für die Republik aufgerufen. Doch seine Utopie von einem geeinten demokratischen Italien ging nicht in Erfüllung. Dennoch

Die Piazza dei Cavalieri in Pisa

kämpfte er weiter und wurde politisch verfolgt, ohne seinen Glauben aufzugeben: »Dichtkunst ist das Bewußtsein einer künftigen Welt.« Die Toskana ist übersät mit Monumenten und Tafeln im Gedenken an Mazzini, mit Bekundungen großer Dankbarkeit.

Unser Rundgang führt uns an romanischen Kirchen vorbei und am sehenswerten Museo Nazionale di San Matteo. Schließlich landen wir an der Piazza Cavalieri, vorbei am Haus Galileo Galileis und dem Domus Galilaeana in der Via Santa Maria 26, in dem wir Dokumente und Gegenstände des Gelehrten sehen können.

Die Piazza Cavalieri, an der einst zur Römerzeit wohl das Forum lag, später der Kommunalpalast, den Cosimo I. in Palazzo dei Cavalieri umbenannte und von Vasari umgestalten ließ, wirkt mit ihren herrlichen Bauten und dem Palazzo dell'Orologio, auch er von Giorgio Vasari erbaut, sehr repräsentativ. Über eine der drei Brücken stoßen wir auf den historischen Stadtkern rund um die Piazza Garibaldi. Der Platz hat nichts vom Behausten, Warmen, Umarmenden einer *Piaz-*

za d'Italia, wie der poetische Bilderbogen Antonio Tabucchis heißt, sein erster Roman, die Chronik einer italienischen Familie von den Zeiten Garibaldis bis zum Ende des Zweiten Weltkriegs.

Aber diese Piazza gibt es eben auch, und sie liegt im nahen Vecchiano, das wir über eine Landstraße, vorbei am Monte Pisano erreichen, am Parco Naturale in der Maremma, wo Tabucchi 1943 geboren wurde und heute noch seine Wochenenden verbringt. Mit diesem Roman errang Tabucchi seinen ersten Erfolg und die Arbeit daran leistete ihm »wertvolle Gesellschaft«: »Es war ein glühend heißer Sommer in der Toskana, und ich wartete auf den September. (...) Damals war mir nicht bewußt, daß ich mit diesem Buch ein Schriftsteller geworden war. Man denkt erst über die Dinge nach, wenn sie schon passiert sind.« Dozent für Portugiesisch an der Universität Florenz, hatte Tabucchi auch mit seinem Roman *Sostiene Pereira, Erzählt Pereira*, der mit Marcello Mastroanni verfilmt wurde, einen großen Erfolg.

In einem Haus in der Toskana im letzten Jahr des 20. Jahrhunderts spielt Tabucchis Roman *Tristano stirbt*. Ein Freiheitskämpfer läßt in den letzten Tagen seines Lebens einen Schriftsteller an sein Bett kommen und erzählt, von der Frage bedrängt, was sein Leben eigentlich ausmachte:

»Ach, du hast in den Bergen gekämpft, du hast eigenhändig einen Trupp Faschisten umgebracht, du bist ein Held, Genosse, aber für deinen Heldenmut hat man dir bereits eine Medaille verliehen, wenn ich mich nicht irre, du hast auch zwei Finger eingebüßt, sie sind in der Maschinenpistole steckengeblieben ...«

Und später, am Ende seines Lebens:

»... sehen Sie dieses Foto auf der Kommode? (...) ich meine das Foto in dem Ebenholzrahmen, auf dem ein Mann, der am Meer spazierengeht, von hinten zu sehen ist ... sehen Sie die Häuser im Hintergrund ...? In diesem Dorf hat meine Mutter gewohnt, mein Vater ist gerade zu seiner Hochzeit unterwegs, deshalb ist er so elegant gekleidet, auch wenn er nur über den Strand geht, nach der Feier wird er meine Mutter hierherbringen, in dieses Haus, in dem ich zur Welt gekommen bin ...«

6. Die Stadt der Tagebücher
Pieve di Santo Stefano

Die Toskana hat einen Ort, wo das Geschriebene uns besonders nahekommt. Es ist *La citta del diario*, die Stadt des Tagebuchs Pieve di Santo Stefano. Wie kein anderes Archiv repräsentiert dieses in einem Flügel des Rathauses untergebrachte Tagebucharchiv ein Stück Volkskultur, wie sie in der Toskana gepflegt wird. Das kulturelle Fundament soll nicht wegbrechen und verlorengehen, soll weitergereicht werden an die nächsten Generationen.

Eine stattliche Sammlung von Dokumenten, über 1500 Tagebücher, Briefwechsel, persönliche Lebenserinnerungen, in denen sich das alltägliche Leben und zugleich die Geschichte der Toskana und Italiens spiegelt. Aus den neuesten Erwerbungen werden jedes Jahr einige prämiert und vorgelesen, und das Interesse und die Anteilnahme der auf dem Marktplatz versammelten Bevölkerung ist groß. Die Stiftung *Archivio Diaristico Nazionale* kümmert sich um die Erhaltung dieses Schatzes.

Beim Betreten des Archivs mit seinen Regalen aus dunklem Holz fällt uns als erstes die große Glasvitrine ins Auge, in der das kostbarste Stück der Sammlung ausgestellt ist: Ein riesiges Leintuch, so groß wie ein Doppelbett alten Ausmaßes, auf dem die Landarbeiterin Clelia Marchi nach dem Tod ihres Mannes mit dem Filzschreiber ihre Lebensgeschichte festgehalten hat. Das Tagebuch wurde von einem italienischen Verlag veröffentlicht.

»Ich höre die Uhr, die nachts um zwölf, um ein Uhr, zwei Uhr schlägt, Stunden der Schlaflosigkeit ...« So beginnt die Bäuerin Clelia zu schreiben, angefüllt mit Fragen an das Leben und voll Empörung über seine Ungerechtigkeit. Nacht für Nacht beschrieb sie auf Knien rutschend das Riesenlaken, fest aufs Bett gespannt, malte zwei Jahre lang an ihrem Werk, das nicht nur ihre eigene Geschichte, sondern auch die ihres Mannes und ihrer Umgebung enthält, voll bildhafter Kraft. Das Urbild des Tagebuchs und auch ein Stück Literatur.

Riesige Folianten, in Leder gebunden, Notizen auf Packpapier, Schulhefte, kleine dicke Bände – alles ist sorgfältig archiviert und eingebunden. Die Körper dieser Tagebücher erzählen vom Leben. Manche haben eine alte, lederne Haut, andere wieder sehen aus wie frisch gehäutet, ein zartes Nervennetz. Sie sind mit Pappe, Leinwand, Packpapier, Blümchentapete, Hanf und Seide umwunden, mit getrockneten Blumen, Farnen zwischen die Seiten gepreßt, mit gemalten oder ausgeschnittenen Bildern, Zeichnungen und Fotos versehen. Einige tragen Spuren roten Weins, mit dem der festgehaltene Kummer hinweggespült wurde. Sie moderten im Keller vor sich hin, bis sie entdeckt wurden, aussätzig und mit Pusteln bedeckt. Sie bekamen Eselsohren, die Ringe abgestellter Tassen, Öl- und Sugoflecken, Buttermale. Bücher, die sonst dem Dachboden gehört hätten, den Schwalben, Mäusen und Katzen, der Spinne im Zaubernetz oder den Silberfischchen. Sobald wir einen der Folianten aus dem Regal heben und aufschlagen, kriechen die Buchstabengeister aus ihrem Schlupfwinkel heraus und beginnen zu sprechen.

»Die Geschichte von unten noch einmal neu schreiben«, das war die Absicht des Begründers des Archivs Saverio Tutini. So enthält das Archiv nicht wenige Tagebücher, die den Zweiten Weltkrieg aus unterschiedlicher Sicht dokumentieren, ob aus der Warte des Soldaten, des Partisanen oder einer Bäuerin, die die Partisanen mit Essen versorgte. Viele dieser Tagebücher sind im Versteck geschrieben.

In der Toskana werden auch Tagebuch-Wochenenden und Tagebuch-Kurse in der Natur angeboten, manchmal in Kombination mit Musik und Malerei oder Rollenspielen. Tagebuchschreiben, um sich selbst besser kennenzulernen. Ein ideales Ambiente, um zu üben, wie wir mit unserem *Ich* in Frieden leben können, im Zwiegespräch mit uns selbst.

»Erkenne dich selbst« und »Werde, der du bist« – Sokrates, Platon und Aristoteles sind die Väter der selbstkritischen europäischen Literatur. Doch Tagebücher sind auch Merkbücher und Notizhefte für Banales, und Grunderlebnis für viele ist auch das Essen. So notierte der 1494 geborene Florentiner Maler Jacopo da Pontormo, benannt nach seinem Geburtsort Pontormo bei Empoli, mit seinen eigenwilligen Fresken und Gemälden einer der Begründer des Florentiner Manierismus, in seinem *Tagebuch*, was er während seiner Arbeit zu sich genommen hatte:

»Montag aß ich Hammel, Salat, Trauben, Käse und 11 Unzen Brot. Und ich machte den Kopf, der sich unter der oben gezeichneten Figur befindet.
Dienstag machte ich den anderen Kopf (seitwärts) und Mittwoch den Rest.
Samstag erneuerte ich besagten Rumpf.
Sonntag aß ich mit Bronzino Fadennudeln.
Montag den Helm.
Dienstag den Kopf so ... (Skizze)
Mittwoch die Brust. Abends aß ich nichts.«

7. Hoch zu Roß: Der Lenker des Staates
Von Pieve di Santo Stefano nach Florenz

Wir stellen unser Auto in Florenz vor der Stadtmauer ab und machen uns zu Fuß in die Innenstadt, da treffen wir auf Niccolò Machiavelli. Hochgewachsen, mit schmalem Kopf und brennenden Augen, die beinahe zynisch dreinblicken. Sein lose fallender brauner Mantel mit Stehkragen ist mit einer dicken Kordel umwunden, an der ein prall gefülltes Ledersäckchen hängt. Unter dem Mantel ein blaues, mit einer Paspelierung eingefaßtes Gewand, aus dem ein faltiges weißes Baumwollhemd hervorsieht. Auf dem Kopf trägt er über dunklem, halblangem Haar eine hohe, mit Stickerei verzierte Kappe aus schwarzem Samt, von einem goldenen Band umwunden. Eine Art Troddel hängt davon hinab in seine hohe Stirn. Zu den Fledermausohren trägt er einen fein gestutzten Oberlippen- und Kinnbart, dazwischen ein recht schmaler Mund – so überliefern ihn uns die Bilder. Niccolò Machiavelli, Politologe, Lehrer der politischen Philosophie, Kanzler der Militärbehörde, Analytiker politischen Handelns, 1469 in Florenz als Sohn des angesehenen Notars Bernardo Machiavelli und der Bartholomea de' Nelli, Autorin religiöser Lyrik, geboren. Er wuchs in einer gebildeten und aufgeschlossenen Familie auf und und erhielt eine gute Ausbildung.

Er ging offenen Auges durch seine Zeit und prüfte die Gegenwart mit distanziertem Blick; analysierte das Florenz seiner Zeit, einer grausigen, exaltierten Zeit unter der Herrschaft der Medici mit einer düsteren Leidenschaft für grausame Delikte. 1494 eine Republik, schwelgte Florenz unter dem Einfluß des von fanatischem Sendungsbewußtsein durchdrungenen Dominikanerpredigers Girolamo Savonarola in einem reformatorischen Geist der Buße und Entsagung, der absolut

Der politische Denker der Renaissance Niccolò Machiavelli

untoskanisch war. Machiavelli lauschte mißtrauisch den hochtrabenden Reden Savonarolas, und obwohl ihm auch dessen mittelalterliche Anschauungen wenig gefielen, so zog er doch einiges daraus, wenn Savonarola vom haltlosen Leben der Mächtigen redete und dafür plädierte, die Macht auch dem Volk zugänglich zu machen.

In seinen *Discorsi* hat sich Machiavelli damit nicht ohne Ironie auseinandergesetzt. »Mächtige darf man entweder nicht anrühren«, schrieb er in seiner Geschichte von Florenz, »oder, wenn man sie einmal angetastet hat, muß man sie aus dem Weg schaffen.«

Nach dem grausamen Feuertod Savonarolas, dessen Intoleranz er verspottet hatte, begann er seine politische Karriere im Dienst der Stadt mit untergeordneten und schlecht bezahlten Ämtern und militärischen Aufgaben. Man schickte ihn nach Tirol zu Verhandlungen mit Kaiser Maximilian, er rekrutierte die Truppen und führte sie gegen Pisa ins Feld. Als 1512 die Mediceer zurückkehrten, wurde Machiavelli seiner Ämter enthoben, in die Provinz verbannt und zur Zahlung einer hohen Kaution verurteilt, schließlich gar einer antimediceischen Verschwörung verdächtigt, gefoltert und ins Gefängnis geworfen. Erst 1519, nach längerem Rückzug in San Casciano, wo er den *Principe* und die *Discorsi* schrieb, ermöglichte man ihm den Wiedereintritt ins bürgerliche Leben und die Mediceer beauftragten ihn mit der Abfassung einer Chronik von Florenz, seiner berühmten *Storie Fiorentine*, Giulio de' Medici, nun Papst Klemens VII., gewidmet.

Der Grundgedanke Machiavellis ist einfach. Er war der Überzeugung, daß der, der die Realität verändern will, deren Gesetze kennen muß. Damit begründete er die moderne Politikwissenschaft.

Man habe sich an die tatsächliche Gestalt der Dinge zu halten und nicht an ein Phantasiebild. Die Fürsten und ihre Regierung jedoch hätten sich weit von ihren früheren staatstheoretischen Konzeptionen entfernt: »Viele haben sich Republiken und Fürstentümer ausgemalt, von deren Existenz man nie etwas gesehen oder glaubhaft vernommen hat. Denn zwischen dem Leben, wie es ist, und dem, wie es sein sollte, klafft ein so gewaltiger Unterschied, daß wer das, was man tut, aufgibt für das, was man tun sollte, eher seinen Untergang als seine Erhaltung bewirkt: denn ein Mensch, der immer nur das Gute tun wollte, muß zugrunde gehen unter so vielen, die nicht gut sind. Darum ist es notwendig für einen Fürsten, der sich behaupten will, zu lernen, auch nicht gut zu sein, und das Gute zu tun und zu lassen wie es die Notwendigkeit erfordert.«

So steht es zu Anfang des 15. Kapitels in *Il principe*. Drei Dinge müsse ein Fürst wissen: Struktur und Machtverhältnisse der betreffenden Staaten, um ihnen gegebenenfalls wirksam entgegentreten zu können, und genaue Kenntnis der Natur des Menschen, die ausschließlich durch die Befriedigung egoistischer Triebe gekennzeichnet ist. Das dritte sei die Kenntnis von den Taten und Wirkungen großer Persönlichkeiten, aus deren Verhalten der Fürst in bezug auf eigenes und fremdes Handeln Maßstäbe und Modelle gewinnen könne.

Er glaubte fest an die Willensleistung einzelner Personen und geriet darüber in heftige Kontroverse mit seinem Freund, dem politischen Denker Francesco Guicciardini, dessen *Istorie fiorentine* und *Storia d'Italia* als Meisterwerke analytischer Geschichtsschreibung angesehen werden. Dagegen wirken Machiavellis Werke statisch, und in *Il principe* ist weit und breit kein Fürst seines Zuschnitts zu sehen – gerade mal Lorenzo den Prächtigen läßt er gelten. »Sein Ziel war es, die Stadt im Überfluß, das Volk in Einigkeit und den Adel in hohem Ansehen zu erhalten. Er schenkte seine Neigung jedem, der sich in einer der Künste auszeichnete, und förderte die Literaten sehr.«

Mary McCarthy unterstellte Machiavelli eine »seltene Doppelmoral«: »Einige seiner politischen Schriften scheinen aufrichtig, andere doppelzüngig und sind fast im umgekehrten Sinne zu verstehen, als versteckte, bittere Angriffe auf die Politik«, schreibt sie. »So wie aus *Pistoja* Pistole wurde, so wurde im Englischen *Old Nick* (Niccolò Machiavelli) zu einem Synonym für den Teufel, den Urverräter und *fuoruscito* des Himmels. Jedoch kann man sich beim Lesen von Machiavellis Schriften nur schwer des Gefühls erwehren, daß sich in seinen trockenen Rezepten für die Tyrannis die Freiheitsliebe als geheime Zutat verbirgt, die wie die langsam wirkenden Gifte jener Zeit erst später zum Durchbruch kam.«

8. In einer Straße von Florenz

Den ersten Eindruck von Florenz erhält man vom Bahnhof, der nicht ohne Grund Santa Maria Novella heißt, da die Kirche in unmittelbarer Nähe liegt. »Und wer mit dem Zug ankommt, dem bietet sich stets dasselbe Schauspiel: die rauhe, kahle Apsis von Santa Maria Novella, ein symbolisches Bild von Florenz«, schreibt Giorgio Manganelli. Für den Schriftsteller hat Florenz »eine geradezu anormale mythologische Dichte, ist Phantasie, Bedeutung, Indiz, Anspielung, Enthüllung und Rätsel; und es ist vor allem geballte Kraft«. Schon der Anblick der Fassade zieht uns unweigerlich an. Die Kirche gehört ohnedies zu jenen herausragenden Florentiner Werken, auf die wir uns konzentrieren.

Die Fassade der Kirche, umgeben von einem kleinen Park, fasziniert Manganelli »nicht wegen ihrer Grazie, ihrer Freiheit, des Einfallsreichtums ihrer Verzierungen, sondern vielmehr, weil ihre Grazie so vollgepfropft ist, ihre Freiheit durch die unverhohlene Lust, das sinnliche Wohlgefallen an diesen bewegten Linien Lügen gestraft wird, und hinter dem bizarren Einfallsreichtum unschuldiger Leichtsinn lauert«.

Diese raffinierte Fassade hat Leon Battista Alberti geschaffen, eine der bewundernswertesten und aufregendsten Gestalten der italienischen Renaissance. Man taucht ein in dieses gebrochene Weiß, trifft auf ein weiches Grau, wir finden Rosetten, Ornamente, Sonnen und Sterne. Dazwischen am Portal ein wenig Rosa, ehe wir das Innere der Kirche betreten.

Mit dem Bau begann man 1246, doch erst 1300 wurde die berühmte Dominikanerkirche, eine der wichtigsten Kirchen von Florenz, fertig. Uns empfängt ein basilikaler Raum, das Querschiff und die fünf Chorkapellen sind nach dem Vorbild

Santa Maria del Fiore in Florenz

der Zisterzienser-Kirchen gebaut – wir werden dem großen
Vorbild San Galgano noch begegnen. Doch im Unterschied
zu den flach gedeckten Kirchen der Zisterzienser fällt unser
Blick auf ein gotisches Kreuzrippengewölbe.

An Reichtum und Phantasie der florentinischen Maler hat
es nicht gemangelt, stellen wir fest, wenn wir die Seitenwän-
de der Kirche mit ihren Kapellen betrachten. Die Fresken Fi-
lippino Lippis, Masaccios, Nardo di Ciones und Domenico
Ghirlandaios zeigen detailreiche Szenen aus dem Leben der
Apostel, die Heilige Dreifaltigkeit, das Jüngste Gericht, die
Hölle, das Paradies und *Geschichten aus dem Marienleben*;
das Kruzifix stammt von Giotto. Brunelleschi schuf 1443 die
Marmorkanzel und vermutlich entwarf er auch die Architektur der Kapellen.

Man spürt Albertis Hand überall in Florenz. 1404 als einer
von zwei »Bastarden« des adligen und mächtigen Florentiner
Kaufmanns Lorenzo Alberti in Genua zur Welt gekommen –
seine Familie wurde von der republikanischen Stadtregierung

aus Florenz verbannt – erhielt Alberti wie sein Bruder eine exzellente Erziehung und Bildung und studierte an der Universität Bologna Rechtswissenschaften. Nach dem Tod des Vaters wandte er sich dem Studium der Natur und den Bildenden Künsten zu und begann zu schreiben. Er war noch keine dreißig, als er das bitterböse Büchlein *Über die Vorzüge und Nachteile der Literatur* schrieb, ein Buch, das Friedrich Nietzsche Jahrhunderte später zu seiner Abhandlung *Vom Nutzen und Nachteil der Historie für das Leben* inspirierte.

Als die Florentiner Regierung den Bann 1428 aufhob, zog er wieder nach Florenz. Fortan blieb sein Lebensweg mit der Stadt eng verbunden, auch wenn er die Toskana als eine besonders kritische, unwirtliche Umwelt sah, die seinen maßvollen neoklassizistischen Baustil nie akzeptierte. Alberti, der sich in wenigen Jahren die bestsortierte Bibliothek seiner Zeit zulegte, war von großer Vielseitigkeit und schrieb nicht nur das erste klassische Handbuch der Malerei und der Architektur, sondern erweckte die Ästhetik der antiken Architektur in seinen Bauten zu neuem Leben. Der Humanist studierte Theologie, unterzog sich den Weihen, betätigte sich als Literat, Redekünstler, Dramatiker, Gesellschaftskritiker, Mathematiker, Schauspieler, Kunsttheoretiker, Antikenkenner, Baumeister und Stadtplaner, beriet die Herrscher seiner Zeit in ästhetischen Fragen und schrieb über das Erziehungsideal, Kinder zu selbständigen Menschen zu erziehen. Immer bemüht, Ausgeglichenheit zu erlangen, arbeitete er intensiv an sich selbst, meditierte und wanderte, härtete sich ab, betrieb Sport, trainierte, Schmerzen zu ertragen, und teilte seine materiellen Güter mit anderen.

Alberti, ein Verfechter der Genauigkeit, bemühte sich vergebens, Regeln klassischer Baukunst in Florenz einzuführen. Denn in Florenz zog man die Regellosigkeit vor. In seinem Traktat über die Baukunst schrieb er: »Die Stadt ist wie ein großes Haus, das Haus wie eine winzige Stadt«, damit gewinnt die Architektur eine Bedeutung nicht nur für die Familie, sondern auch für die Ordnung der Stadt, ein Gedanke, den später Malaparte in seinem Buch über die Toskaner wieder aufgriff.

*

Das Zentrum von Florenz, die Piazza della Signoria und den Dom kann man nicht verfehlen. In der Menge der Touristen aus aller Welt wächst der Dom mit dem schönen Namen Santa Maria del Fiore wie eine Blume aus rosa-weiß-grünem Marmor aus dem Boden. 1296 begann man nach den Plänen Arnolfo die Cambios mit seinem Bau. Daneben: ein Wunderwerk, nur mit der Kelle und einem beschwerten Bindfaden konstruiert: Giottos hoher, schlanker Glockenturm.

Der Palazzo Vecchio und der Dom Santa Maria del Fiore, »die zwei Herzen von Florenz, so wie sie im Mittelalter geschlagen haben, das eine für die Politik, das andere für die Religion«, so Taine. Und er hat recht: »Man kann keinen Schritt tun, ohne einem Anzeichen jener Widerstandskraft oder jener Frühreife des lateinischen und klassischen Geistes zu begegnen«, wie bei den Relieftäfelchen am Sockel des Campanile, aus denen wir viel über das Florentiner Alltagsleben, die Zünfte und Künste erfahren, über eine Zeit großer Ideen und Begebenheiten. Oder beim Baptisterium mit seinen wunderbaren Reliefs.

Die Florentiner leben zwischen Extremen. Da sind einerseits die kleinen Wohnhäuser mit ihren Kindertüren, und andererseits die riesige Bauten wie der Palazzo Pitti. Die alte Sagengestalt Fiorino ist nicht fern, der römische Krieger, der an der Arno-Furt ein Lager errichten ließ, dort, wo heute Florenz steht. Daß es Cäsar im Jahre 60 vor Christus gegründet hat, steht für sie fest, auch wenn es keinesfalls erwiesen ist. Überall begegnen uns schöne Mädchen.

Sie überfluten mit gelindem Leiden
das Herz, mit einer Liebe, die
entstand in unbekannter Zeit
aus dem Verlangen, daß ein Mann zu ihnen trete
in seiner Kraft; im Traume haben sie
das Leben oft berührt, sorglos im Hauch
des Schlafes, und das Glück,
hier nachzusterben der ergrauten Mutter.

Das melancholische und luzide Gedicht des 1914 in Castello
bei Florenz geborenen Lyrikers Mario Luzi.

Michelangelo und Leonardo da Vinci lebten in Florenz,
große Künstler, die sich von den Fesseln der Renaissance lösten, ihrer Zeit weit voraus, und doch in einen heftigen Kon-
kurrenzkampf verstrickt. Leonardo, der seine ersten anato-
mischen Studien im alten Florentiner Hospital Santa Maria
Nuova unternommen hatte, das 1255 der Vater von Dantes
Beatrice gegründet hatte, nannte Michelangelos körperbezo-
gene Darstellung pure »Muskelrhetorik«. Ein Universalgenie
wie Michelangelo und Alberti, hat Leonardo zwar nie Bauten geschaffen, wohl aber über fünftausend Manuskriptseiten
hinterlassen, von denen längst nicht mehr alle erhalten sind.
Er schrieb in Spiegelschrift, von rechts nach links – Gedanken zum Vogelflug, ein Traktat über die Malerei, die Natur,
die Anatomie, Tagebücher und Notizen. Er war nicht nur Architekt, Anatom, Ingenieur und Naturforscher, sondern auch
Maler und Literat, der oft dreidimensionale Zeichnungen zwischen seine Texte setzte. Architektonische und anatomische
Zeichnungen, Gemäldestudien, geniale Entwürfe, ihrer Zeit
weit voraus – nicht nur Flugobjekte erfand er, sondern auch
einen High-Tech-Roboter, der die Nasa-Stationen inspirierte. Nur eine bildliche Darstellung kann seiner Meinung nach
die Realität wiedergeben: »Eher wird Durst deine Zunge aus-
dörren und dein Körper durch Mangel an Schlaf ermatten,

bevor du mit Worten beschreiben kannst, was die Malerei dir sofort vor Augen hält.« Bei Leichensektionen erarbeitete er die Topographie von Muskeln, Sehnen und Knochen, die bis heute die Sicht des Körpers bestimmt.

Beide, Michelangelo und Leonardo, mußten Florenz verlassen und kehrten später zurück.

Michelangelo, schon zu Lebzeiten ein Mythos, verstrickte sich in Schwierigkeiten mit der Stadt Florenz, weil ihr seine Projekte zu kostspielig waren. Wie Dante floh er bei der Belagerung von Florenz, ließ sein Amt, die Befestigungsanlagen von Florenz zu überwachen, kurzerhand im Stich und ging nach Venedig. Als er diese panische Reaktion rechtfertigen und zurückkehren wollte, stieß er zunächst auf taube Ohren. Doch sein Herz hing immer an Florenz, wo er später auch ein Haus erwarb. Dennoch: »Ich habe niemals mit einem so undankbaren und arroganten Volk zu tun gehabt, wie die Florentiner es sind«, schrieb er in einem Brief. Er starb einsam, arm und verbittert, voll Trauer und Todesgedanken, die seine Medici-Grabmäler bildhaft machen. Kunst und Leben standen ihm, der stets Schwierigkeiten hatte, seine Werke zu vollenden, feindlich gegenüber. Als ihn einmal Freunde einluden, mit ihnen einen Mußetag einzulegen und die Schönheit des herrlichen Frühlings zu genießen, schrieb Michelangelo in einem langen Brief:

»Wie wunderbar ist die Wirkung jenes Gedankens an den Tod, der, obwohl er seiner Natur nach alles zerstört, diejenigen erhält und bewahrt, die an ihn denken, und der sie vor allen menschlichen Leidenschaften schützt. Dies erinnere ich mich bereits in einem Madrigal recht gut angedeutet zu haben, in dem ich von der Liebe handelte und zum Ergebnis kam, daß uns nichts besser vor ihr behütet als der Gedanke an den Tod.«

Er endete den Brief mit einem Gedicht:

Nicht nur der Tod, doch auch das Todesgrauen
Beschützt mich vor den Frauen,
Die bös und schön, mich nun und immer tötet;
Und wenn sich manchmal rötet,
Mehr als gewohnt, die Glut, die in mir tost,
Fänd' ich nicht andern Trost,
Als daß sein Bild ich tief ins Herz mir triebe:
Denn wo der Tod ist, naht sich nicht die Liebe.

Der Allegorie der *Nacht* legte er poetische Worte in den Mund,
die er selber nicht hätte aussprechen können:

Lieb ist mir Schlaf, noch lieber: Stein sein. Und ich preise
solange Schmach und Schande nicht vergehen,
dies als mein Glück: nicht hören und nicht sehen.
Drum wecke mich nicht auf, ach, rede leise.

Nach seinem Tod stellte der Notar Roberto Ubaldini das In-
ventar seiner Habseligkeiten zusammen: wenige abgetragene
Kleidungsstücke, ein eisernes Bettgestell mit Strohsack, drei
Matratzen, zwei weiße Wolldecken, ein weißes Schaffell, Wä-
sche. Weder kostbare Möbel, noch Bilder oder Gegenstände,
jedoch verbeulte Gefäße aus Kupfer, angeschlagenes Stein-
gut und fadenscheinige Säckchen.

*

Bummeln wir ein wenig durch die kleinen Straßen von Florenz um die Piazza della Signoria. »In einer Stadt, wie dieser,
geht man während der ersten Tage ohne jede Absicht umher.
Wie soll man in diesem Durcheinander von Werken und Jahr-

hunderten sofort einen klaren Gedanken fassen? Man muß blättern, ehe man liest.« So Hippolyte Taine, der vor hundertfünfzig Jahren seine *Reise in Italien* verfaßte. Wir verlassen uns auf Taines gut geschriebenes Reisebuch mit seinen vernünftigen, immer noch gültigen Hinweisen und kundigen Betrachtungen, besuchen ein Café, dann ein weiteres, und *blättern*, ehe wir die Stadt zu *lesen* beginnen. Und wieder landen wir unwillkürlich, vom Menschenstrom mitgezogen, auf der Piazza della Signoria, dem Mittelpunkt des republikanischen Lebens, am Rathaus, am Palazzo Vecchio. Immer wieder fängt dieser Platz einen ein, und auch mir ist es, wie Taine, unmöglich, die Piazza zu sehen, ohne an die Bürgerkriege zu denken, die Dino Compagni beschreibt, Straßenkriege, die dreißig Jahre lang währten.

Neben dem eindrucksvollen Palazzo Vecchio aus dem 13. Jahrhundert, Symbol der Städtefreiheit, mit seinem eigentümlichen Wehrgang und dem ihm entwachsenden Turm, steht die Kopie von Michelangelos *David* von 1504 – das Original befindet sich in der Accademia — die erste Aktskulptur der Renaissance, und wir erinnern uns an Christian Morgenstern:

An den Sklaven Michelangelos

Du eines Riesenplanes edler Rest!
So hebt man an und brütet Grenzenloses,
So rüstet man zu einem Schöpfungsfest ...
Und was wird Form? Zwei Sklaven und ein Moses.

Ein männliches Schönheitsideal seit Jahrhunderten. Michelangelo, der die Figur aus einem verhauenen Marmorblock herausschlug, mußte eine Mauer um seinen Arbeitsplatz ziehen, um die Schaulustigen abzuhalten.

Der berühmte Architekt und Kunstschriftsteller Giorgio Va-

Der Neptunbrunnen auf der Piazza della Signoria in Florenz

sari, der die Renaissancekunst mit Leonardos Werk eingeleitet, mit Raffael auf dem Höhepunkt und mit Michelangelo
abgeschlossen sah – mit Machiavelli, Aretino und Bembo auch
die Hoch-Zeit der Renaissanceliteratur – hat im Jahr 1550
die Entstehung des David von 1504 festgehalten:

»Als diese Gestalt des David vollendet war, gab es lange
Erörterungen darüber, wie man sie am besten nach dem
Platz der Signoria befördern könne. Dann bauten Giuliano
da San Gallo und sein Bruder Antonio ein hohes Gestell
aus sehr starken hölzernen Balken, um die Statue mit Tauen
darin aufzuhängen. So wurde sie vor jedem Stoß, der sie
zerbrechen konnte, bewahrt und dauernd in leiser Schwin-
gung erhalten. Mittels einer Winde ließ man die Gestalt
vorsichtig über Balken von der Erde emporheben und dann
setzte sich der Zug in Bewegung. In dem Tau war eine
Schlinge so kunstvoll angebracht, daß die Statue je nach
Bedarf sich bewegen konnte oder aber auch festgehalten

wurde, je nach dem Drucke ihres Gewichts. Dies war eine wunderschöne und geistvolle Erfindung ...«

*

Alle versammeln sich zu bestimmter Stunde auf der Piazza della Signoria, auch die alten Florentiner, das gehört zur Florentiner Identität, und man trifft sich dann am Nachmittag wieder bei San Lorenzo, der ersten Kirche der Renaissance, Haus- und Grabkirche der Medici, zwischen den Buden der Marktleute, die Lederwaren und allerlei sinnlosen Kram verkaufen. Wir erreichen die Piazza nahe dem Baptisterium über eine kleine Querstraße, die Via dei Martelli.

> So seh' ich dich, du altes Haus
> In dem Saal und Zimmer und Hof,
> Ja, jeder Stein
> Uns Geschichte lehrt:
> Du alter Palast,
> Zeuge so vieler Taten,
> So vieler Greuel;
> In dessen Zirk
> Die edlen Bürger,
> Die feinsten Fürsten
> Gewandelt und gesprochen.
>
> Und Buonarotti's Werk
> Mit Bandinellis Riesen
> Hält draußen Wacht ...

– so lesen wir bei Ludwig Tieck.

Über den Kreuzgang der Kirche San Lorenzo, wo wir von der oberen Loggia aus den herrlichen Blick auf die Domkuppel genießen, finden wir den Zugang zur wertvollen Büchersammlung von Papst Clemens VII., dem früheren Giulio de' Medici mit ihren eigentümlichen Proportionen. Die Lesepulte entwarf Michelangelo, dessen Lorenzo-Grabmal im Komplex der Neuen Sakristei und der Fürstenkapelle über die Piazza Madonna Aldobrandini zu erreichen ist. Die liegende weibliche Gestalt des Lorenzo-Grabmals, als »Morgen« interpretiert, hat Michelangelo auf einem Skizzenblatt so gedeutet: »Himmel und Erde, Tag und Nacht sprechen und sagen: Wir haben mit unserem schnellen Lauf den Herzog Giuliano zum Tode geführt ...«

Heinrich Heine spricht in seinem Prosastück *Florentinische Nächte*, einem lockeren Reisebericht, zwischen 1824 und 1840 in Paris entstanden, um politische Themen zu vermeiden und somit die Zensurbestimmungen zu umgehen, von seiner »wunderbaren Leidenschaft für marmorne Statuen«:

> »Ich kam aus der Laurentiana, der Bibliothek der Mediceer, und geriet, ich weiß nicht mehr wie, in die Kapelle, wo jenes prachtvolle Geschlecht Italiens sich eine Schlafstelle von Edelsteinen gebaut hat und ruhig schlummert. Eine ganze Stunde blieb ich dort versunken in den Anblick eines marmornen Frauenbilds, dessen gewaltiger Leibesbau von der kühnen Kraft des Michelangelo zeugt, während doch die ganze Gestalt von einer ätherischen Süßigkeit umflossen ist, die man bei jenem Meister eben nicht zu suchen pflegt. In diesem Marmor ist das ganze Traumreich gebannt mit allen seinen stillen Seligkeiten, eine zärtliche Ruhe wohnt in diesen schönen Gliedern, ein besänftigendes Mondlicht scheint durch ihre Adern zu rinnen ...«

Von seinem hohen Sockel herab, herrschaftlich über dem Volk thronend, blickt das Denkmal des *Giovanni delle Bande Nere* vor San Lorenzo über sein Volk. Es ist Giovanni de' Medici, der als Papst 1521 starb, der seinen Kriegern befohlen hatte, die weiß-lila Standarten zum Zeichen der Trauer schwarz zu färben. Giovanni von den schwarzen Bändern.

*

Ein paar Schritte vom Dom entfernt liegt Dantes Geburtshaus, ein winziges, zwischen andere kleine Häuser eingezwängtes Haus, von Touristen umringt. Ecke Ponte Vecchio und Lungarno soll Dante seine Beatrice getroffen haben, deren Geburtshaus im sogenannten Dante-Viertel heute die Banca Toscana beherbergt. In der Chiesa Santa Margherita de' Cerchi, gleich um die Ecke zum Wohnhaus der Alighieris, entdecken wir Darstellungen des berühmten Paares, eine kleine Kultstätte, an der Menschen Blumen ablegen.

Und gleich um die Ecke ein Sprung in das 19. Jahrhundert: die Via del Corno im früheren Arbeiterviertel, das *quartiere* Vasco Pratolinis, so auch der Titel seines Romans aus dem Stadtviertel Santa Croce, der die Zeit von der Mitte der dreißiger Jahre bis zum Ende des Zweiten Weltkriegs umfaßt. In der *Via de' Magazzini*, so der Titel eines 1942 erschienenen autobiographischen Prosabandes, der im mittelalterlichen Viertel von Florenz spielt, wo der 1913 geborene Pratolini aufwuchs und eine entbehrungsreiche Kindheit erlebte. Seine *Cronache di Poveri Amanti*, die *Chronik armer Liebesleute*, wird heute noch viel gelesen, auch eine Chronik des Florentiner Proletariats. Seine eigene Kindheit und Jugend beschrieb er in der *Cronaca familiare* (1947). Der beste Roman Pratolinis wurde jedoch sein zugleich auch ehrgeizigstes Werk, die Trilogie *Una storia italiana*, deren erster Band *Metello* anhand des Florentiner Handwerkers Metello Salani die Geschichte der Klassenkämpfe von 1875 bis 1902 erzählt.

Wir suchen die Straße auf, in der der Schriftsteller Aldo Palazzeschi gewohnt hat, nahe dem Dom. In dieser immer noch dunklen Gasse, in der die alten Handwerksbetriebe von Bars verdrängt wurden, lebte der Dichter, der mit seiner frühen Lyrik den *crepuscolari*, den sogenannten Dichtern der Dämmerung, zugerechnet wird, deren Werke eine ironische Distanz zum Traditionellen auszeichnet:

Bin ich ein Dichter?
Nein, gewiß nicht ...
Wer bin ich?
Der Gaukler meiner Seele.

»War dies denn das Leben oder wurde hier eine Komödie gespielt?«, ironisch distanziert sich der Autor vom Althergebrachten. In seinem Roman *Die Schwestern Materassi* gibt er diese Frage an den Leser weiter. Dabei ist die Geschichte der beiden ältlichen Schwestern eher traurig, denn sie erzählt von einer Hörigkeit: Ihr Neffe Remo nimmt die beiden nach Strich und Faden aus. Das fängt mit einem Fahrrad an und hört mit einem Sportwagen auf. Schließlich verschwindet der Neffe mit einer Amerikanerin, die er sich in Venedig angelacht hat, in den Staaten – auf Nimmerwiedersehen. Zurück bleibt nichts außer einer Fotografie – das Foto des schönen Neffen in der Badehose, deren Inhalt, das bedeuten die beiden Schwestern ihren Besuchern mit einem wissenden Lächeln, mit nichts vergleichbar ist.

Dreizehn Jahre später schrieb Pallazzeschi mit den *Fratelli Cuccoli* das Gegenstück, die Geschichte des Eigenbrötlers Celestino Cuccoli, von einer dominanten Mutter abhängig, der nicht weiß, »was er mit einer Frau anfangen soll« und der vier gleichaltrige Waisenknaben adoptiert. Er verhätschelt sie, schenkt ihnen alles, was sie sich wünschen, zahlt ihre Schulden und steht für ihre Verfehlungen ein. Als den Zög-

Dantes Geburtshaus in Florenz

lingen klar wird, daß ihr Adoptivvater kein Vermögen mehr
besitzt, machen sie sich an seinen letzten Besitz heran, eine
Kassette mit Schmuck, dabei wird Celestino durch Schüsse
verwundet. Im Prozeß nimmt er alle Schuld auf sich. Als sich
Celestino schließlich in einer Zwanzigjährigen ein neues Ob-
jekt seiner Liebe auftut, stirbt er kurz vor der Eheschließung
noch auf den Altarstufen, »weil sein Herz zu stark schlug«.

1909 schloß sich Palazzeschi den Futuristen an, und sein
Prosawerk *Il codice di Perelà* griff Motive der freien Sprache
auf. Das surreale Märchen handelt von Perelà, einem *Mann
aus Rauch*, Parodie des Messias und des Dichters zugleich,
dem aufgetragen wird, ein Gesetz zu verfassen, das den Staat
reformiert, der aber, an dieser Aufgabe scheiternd, als Rauch
himmelwärts steigt und sich in nichts auflöst.

Respektlos auch seine Lyrik, verspielt und voll kindersprach-
licher und onomatopoetischer Elemente. In dem Gedicht *La
fontana malata, Die kranke Fontäne*, macht er sich den Spaß,
in einer Kombination von Lauten und Klängen den Klang des

herabfallenden Strahls einer Fontäne einzufangen, die schließlich an Tuberkulose stirbt:

Clof, clop, cloch
cloffete, cloppete, clochete,
chchch ...
Und hinunter
in den Hof,
die arme
kranke
Fontäne ...

Florenz, ein literarischer Mittelpunkt. 1928 zog es auch den in Syrakus als Sohn eines Eisenbahners geborenen Elio Vittorini nach Florenz, um dort die Druckfahnen der Tageszeitung *La Nazione* zu korrigieren, deren Redaktionsmitglied er 1930 wurde. 1933 beginnt auch der Abdruck seines Romans *Il garofano rosso, Die rote Nelke* in *Solaria*, die faschistische Zensur ließ jedoch nicht zu, daß das Buch erschien. Er begann mit der Niederschrift des Romans *Erica suoi fratelli, Erika und ihre Brüder*, unter dem Eindruck des Spanischen Bürgerkriegs brach er die Arbeit ab.

Auch Heinrich Heine bereiste Florenz und blickte über

Glänzende Dächer
Im Mittagsschleier ruht die Arnostadt,
Ein edelsteinbesetzter Fächer.

*

Vorbei an einer fast reglosen Gestalt, einem versilberten Dante mit goldenem Lorbeerkranz, gehen wir zur Westseite der Piazza della Signoria, dorthin, wo Ruhe und Kühle uns erwarten. Die Uffizien neben der offenen Halle der Loggia dei Lanzi mit ihren schönen Arkaden: Der zwischen 1559 bis 1581 von Cosimo I. de'Medici für die Ministerien und Ämter in Florenz errichtete Gebäudekomplex, daher der Name – *uffici* bedeutet im Italienischen Büros –, von Giorgio Vasari, Bernardo Buontalenti und Alfonso Parigi d. J. errichtet, beherbergt heute eines der bekanntesten Museen der Welt. Für den Neubau ließ damals Cosimo ein ganzes Stadtviertel abreißen. Ursprünglich eine Sammlung der im Familienbesitz befindlichen Kunstwerke im Obergeschoß, der *galleria*, durch einen über die Gasse gelegten Verbindungsgang zum Palazzo Vecchio zu erreichen, ergänzten die Medici im Lauf der Zeit ihre Kollektion bis 1737, und bereits im 18. Jahrhundert wurden die Uffizien berühmt; sie gelten als das erste Museum Europas.

Wir finden in den Sälen die Gemälde von Duccio, Giotto, da Vinci, Piero della Francesca, der in Florenz bei Domenico Veneziano gelernt hat, oder Fra Angelico, aus der religiösen Reformbewegung in der Toskana stammend, den Alberti für göttlich inspiriert hielt, weil er wie ein Engel male. Ucello, der Tierfreund, der hauptsächlich Vögel malte, und deshalb den Namen *Uccello*, Vogel, erhielt. Zahlreiche Porträts, Personen des alten Florenz, mit großer Feinheit in Schatten und Faltenspiel, von den Flamen abgeschaut. Große Krägen, weite Ärmel, herrlicher Faltenwurf.

Der Schwerpunkt der Sammlung liegt auf der italienischen Renaissance. Kaum erhascht man einen Blick auf Botticellis umlagerte *Primavera*, das Kultbild des 19. Jahrhunderts, dessen Paradiesgarten-Heiterkeit die Frührenaissance am reinsten verkörpert und das Claude Debussy zu seiner Orchestersuite inspirierte – Debussy lebte im Jahr 1880 in Florenz und gab einer reichen Witwe Klavierunterricht. Botticellis Frühlingsfrau schwebte wie eine weiße Wolke durch Romane, Novellen und Gedichte. Ein mythisches Bild, Thema der Dissertation des Hamburger Kunsthistorikers Aby Warburg, der mit seiner Frau Mary um die Jahrhundertwende 1900 ein reiches und glanzvolles Leben zwischen Hamburg und Florenz führte.

Das eindrucksvolle Gemälde *Judith, die Holofernes umbringt,* von Artemisia Gentileschi, »einer der wenigen wirklich begabten Malerinnen, von denen die Geschichte Notiz genommen hat«, wie Anna Banti in ihrem Roman *Artemisia* schreibt, hält uns fest. Einprägsam die Szene, wie in ihrem Roman die Frauen jener Zeit das Gemälde kommentieren:

> »›Wie aus Seide das Laken: War Holofernes ein Fürst?‹ – ›Das Blut aus der Kehle ist dunkler.‹ – ›So wird ein Dolch gehalten?‹ – ›Dieses ganze Blut …‹«

Die in Florenz geborene Schriftstellerin Anna Banti, aus kalabresischer Familie stammend, war die Tochter eines Rechtsanwalts, der in ihr das Interesse an humanistischen Studien weckte. Sie heiratete später den berühmten Kunstkritiker Roberto Longhi und konzentrierte sich in ihren Büchern auf das Schicksal von Frauen. Schon der Titel ihres ersten Erzählbandes *Il coraggio delle donne, Der Mut der Frauen,* umschreibt diesen Themenkreis. Doch ihren Höhepunkt erreichte Banti zweifellos mit *Artemisia,* einem Roman, der einen ständigen Dialog zwischen Autorin und Protagonistin beinhaltet. Glänzend gelungen, der Kampf Artemisias gegen das Schicksal, gegen Vergewaltigung, Unterwerfung, Demütigung und Verzweiflung: »Aber ich male!«

Artemisia Gentileschi, 1598 in Rom als Kind einer Familie aus Pisa geboren, war die Tochter des berühmten Malers Orazio Gentileschi. Als junges Mädchen wurde sie das erniedrigte Opfer eines öffentlich verhandelten Vergewaltigungsprozesses. Später leitete sie eine Malerschule in Neapel und wagte sich 1638 ins ketzerische England. Sie »gehörte zu den ersten Frauen, die sich mit Worten und Werken das Recht auf kongeniale Arbeit und geistige Gleichheit der Geschlechter erkämpften«, schrieb Anna Banti. So entstand dieses Bild von schrecklicher Kraft und Gewalt, wobei sich Artemisia als Judith, die Holofernes enthauptet, darstellte. Ihre Waffe war: immer markanter und immer wilder zu malen, mit düsteren Schatten, Pinselstrichen wie Schwerthiebe. Eine Vorfahrin von Niki de Saint Phalle, die ihre Bilder mit Farbe aus der Pistole schoß.

Im August 1944 hockte Anna Banti vor ihrem Haus und schluchzte, verzweifelt über die Verheerungen durch deutsche Granaten in einer einzigen Nacht, denen auch ihr Manuskript zum Opfer fiel: »Unter den Trümmern meines Hauses habe ich Artemisia verloren, meine Freundin aus dem 17. Jahrhundert, die ruhig atmete, von mir auf hundert Manuskriptseiten gebettet.« Beschämt, weil sie sich mitten im Krieg darum kümmerte, konstruierte sie Satz für Satz.

Aufrüttelnd Neues, das Artemisia ihrer Zeit entgegensetzte – ganz im Gegensatz zum 19. Jahrhundert, das sich vor Sehnsucht nach dem klassisch Schönen verzehrt. Das beschreibt Henry James in einer seiner Florenz-Geschichten, die vor der Loggia dei Lanzi, vom Herbstmond beschienen, beginnt, der vergangenheitstrunkenen Schwärmerei eines Malers, der sich in seiner Bewunderung für Raffael, Michelangelo und Mantegna ergeht und sich sehnsüchtig ein Bild ersinnt, das alles übertrifft. Doch dieses Bild bleibt ungemalt, und der Erzähler entdeckt im kärglichen Atelier des Künstlers nichts als die leere Leinwand.

*

Von der Mystikerin Caterina da Siena bis zu Dacia Maraini – schreibende Frauen haben es in Italien immer schwer gehabt. Bis zum Zweiten Weltkrieg wurde die Literatur der Toskana von Männern geprägt, und politisches Engagement entwickkelten Frauen nur am Rande. Dies änderte sich erst mit den

Schriftstellerinnen wie Dacia Maraini und ihren Frauenfiguren, ihrer Diebin etwa, oder den Frauen in *La Vacanza* mit ihrer für die Nachkriegszeit Zeit typischen sexuellen Freizügigkeit. Der Ton der jungen Autorinnen ist längst nicht mehr sentimental und anklagend, sondern nüchtern, fast burschikos. Bis in die dreißiger Jahre eher spärlich, ist die Literatur der Frauen seit den vierziger Jahren angewachsen und stößt zunehmend auf Akzeptanz und Beachtung. Die *prosa femminile* der jüngeren Schriftstellerinnen steht in der Nachfolge der Autorinnen wie Elsa Morante, Natalia Ginzburg und Dacia Maraini. Eine klare Linie ist allerdings nicht festzustellen, die Autorinnen suchen ihren eigenen Weg und setzen sich kritisch mit der Situation der modernen Frau auseinander, jedoch nur indirekt mit einem feministischen, links orientierten Konzept. Sie sehen die Dinge anders als ihre Mütter, freier und respektloser und wenden sich voller Erwartung dem Leben zu.

Dacia Maraini, 1936 in Florenz als Tochter des bekannten Ethnologen Fosco Maraini geboren, verbrachte einen Teil ihrer Kindheit in Japan, später lebte sie in Palermo und Rom und war die langjährige Gefährtin von Alberto Moravia. In ihren Arbeiten widmete sie sich bevorzugt dem Leben der italienischen Frauen ihrer Generation, wobei die Thematik der Emanzipation stets eine große Rolle spielte. In *Ein Schiff nach Kobe* blättert sie im Tagebuch ihrer Mutter und erinnert sich an die lange Reise ins ferne Japan, in *Bagheria* an ihre Kindheit in Sizilien. Im Roman *Die Stumme* (*La lunga vita di Marianna Ucrìa*) erzählt sie spannend und farbig die Geschichte einer palermitanischen Familie des 18. Jahrhunderts, in deren Mittelpunkt die taubstumme Marianna steht. Der Briefroman *Liebe Flavia* ist ein kluges Buch über die Liebe zwischen einer Schriftstellerin und einem jungen Violonisten, über Jugend und Älterwerden.

Eine bemerkenswerte und wenig bekannte Autorin ist die

aus dem venezianischen Judentum stammende Amelia Rosselli, die im Jahr 1898 mit der Komödie *Anima* einen großen Erfolg in Italien errang. Die Mutter dreier Söhne, die mit ihrem Mann, einem Musiker, nach Wien gezogen war, kam nach der Scheidung 1903 nach Florenz und etablierte sich als Schriftstellerin, schrieb Komödien im venezianischen Dialekt, Erzählungen und Geschichten für Kinder und engagierte sich für kulturelle feministische Fragen. Im März 1916 verlor sie ihren ältesten Sohn Aldo an der Front. Ihr antifaschistisches Denken beeinflußte ihre Söhne Carlo und Nello, die Prozesse, Gefängnisstrafen, Verbannungen erlitten und im Juni 1937 in Frankreich auf Betreiben Mussolinis von Faschisten brutal niedergemetzelt wurden. Amelia kümmerte sich mit der Schwiegertochter um die zahlreichen Enkel. Sie ging ins Exil in die Schweiz, nach England und in die USA und engagierte sich politisch in der Mazzini-Gesellschaft und im Komitee für die Opfer des Nationalsozialismus in Italien. Später kehrte sie nach Florenz zurück und starb dort 1954. In jenen Jahren entstanden die *Primi scritti*, Gedichte in englischer, französischer und italienischer Sprache auf der Suche nach der ihr gemäßen Ausdrucksweise und Sprache. Sie schrieb Gedichte von großer Geschlossenheit auf italienisch, Gedichte über Krieg und Gewalt, Exil und Heimatlosigkeit. »Tutto il mondo è vedovo«, schrieb sie, »die ganze Welt ist verwaist.« Bedrückend die *Serie ospedaliera*, unter dem Eindruck ihrer beginnenden Parkinsonschen Krankheit geschrieben. Ihre Lebenserinnerungen *Memorie* wurden erst 2001 von der Società editrice il Mulino von Marina Calloni herausgegeben.

Nicht zu vergessen Oriana Fallaci, die 1929 in Florenz geboren wurde und dort lange Zeit für das Wochenmagazin *L'Europeo* als Kriegsberichterstatterin in Vietnam tätig war, während sie ihre Interviews *Ab- und Beifälliges über Prominente*, *Wir, Engel und Bestien*, den *Brief an ein nie geborenes*

Kind und den Roman *Ein Mann* veröffentlichte. In ihrem letzten Buch *Die Wut und der Stolz*, eine, wie sie sagte, »Predigt«, propagierte sie einen »heiligen Krieg« der Europäer gegen den Islam.

*

Von den Uffizien über die Piazza della Signoria und über die Via dei Calzaiuoli, die Straße der Schuhmacher, gehen wir zur Piazza della Repubblica. Dort hält ein Mann eine Rede, und sofort schart sich eine Gruppe von Leuten um ihn – so war es schon immer, und so ist es noch heute. Sobald die große Glocke erklang, versammelten sich die Florentiner auf der Piazza, um den Rednern zuzuhören. Ein Bericht aus dem 13. Jahrhundert beschreibt äußerst anschaulich, wie der Redner eine kriegerische Haltung einnahm, fürchterliche Gesichter schnitt und die Arme drohend in die Luft warf. Reden, besser: Geschrei, pures Theater.

»Die italienische Gebärdensprache«, so der lange Jahre bei Florenz lebende Schriftsteller Gregor von Rezzori, »schöpft aus der Fülle des unaussprechbar Metaphysischen und macht sie sichtbar. Wer trommelte die Beteuerung seiner Unschuld überzeugender mit den Fäusten an die eigene Brust wenn nicht ein schuldbewußter Italiener? Wer verwehrte sich entschiedener mit abgespreizten Fingern gegen eine nur allzu berechtigte Anschuldigung? Welches andere Volk verstünde es besser mit dirigierenden Händen das Abstrakte zu formen, Begriffe aus der Luft zu holen, Zustände zu schildern, Gedanken plastisch hinzustellen? ... Man zeige mir den Nichtitaliener, der imstande wäre, aus dem Tabakdunst einer Espresso-Bar eine Frauenbrust so sinnlich zu runden, daß man selbst zugreifen möchte.« Und Mary McCarthy meinte, daß man aus manchen Reden den Eindruck gewänne, daß Rede- und Bildhauerkunst zusammengehörten, und in der Tat sei es denkbar, daß der Realismus der Florentiner Bildhauerei ähnlichen Wurzeln entstamme wie die Freude an der Mimik und Gestik der Redner.

Nicht selten endeten die Ansprachen auf der Piazza mit Tumulten, wobei man die Menschen manchmal gar in Stücke riß. Auch mordete man mit Worten, und der beißende Spott und die Schlagfertigkeit der Florentiner, der Toskaner überhaupt, haben eine lange Geschichte. Ein Engländer namens Davidsohn hatte vor fünfzig Jahren eine Liste solcher, inzwischen überholter Spitznamen zusammengestellt, die Mary McCarthy nicht ohne Vergnügen nennt: der Taube, der Blinde, der Räudige, der Schöne, Stummelfuß, Affenmaul, Pferd, Kuh, Maultier, Sünder, Holzkopf, Pharisäer etc., und die Straßen um den Dom hießen noch bis zu Beginn des 20. Jahrhunderts Tod, Hölle, Fegefeuer, Kreuzigung, Unsere Liebe Frau vom Husten, Die Ruhe des Alters, Galgengasse, Die Gräber, Bittere Not, Skelettstraße, kurz, den ganzen Dante rauf und runter.

Nun trägt ein junger Mann ein rätselhaftes Gedicht vor. Ansonsten allerdings pflegt die italienische Lyrik bis heute einen verständlichen, traditionellen Stil. Man hält sich an Überliefertes und scheut sich nicht, erzählerische Passagen und Eigenes, Erlebtes einzuflechten und sich den Problemen des eigenen Lebens, der Familie und der Gesellschaft zuzuwenden, ohne dabei den Anspruch auf formale Vollendung aufzugeben. »Die Kunst ist Form – damit sind wir vollkommen einverstanden –, aber diese Form muß auch etwas aussagen«, sagte Umberto Saba, und er ist es auch, der bis heute mit seiner menschlich warmen, engagierten und dinghaften Lyrik ein großes Vorbild für die modernen Lyriker Italiens darstellt. In seinem großen Werk *Il canzoniere*, an dem der 1883 Geborene bis zu seinem Tod 1957 unablässig feilte, bezieht er sich auf die Lieder Heinrich Heines. Das Werk umfaßt drei Bücher mit jeweils acht bis neun Gedichtzyklen.

»Vielleicht gibt es in unserem ganzen Jahrhundert keinen

zweiten Gedichtband, in dem wir wie in Sabas *Canzoniere* unser ganzes Leben wiederfinden«, sagt Claudio Magris. Deshalb hat man diese Richtung als *Saba-Linie* bezeichnet, um die Thematisierung menschlicher Aspekte zusammenzufassen.

Dennoch bleibt Saba, nicht nur in seiner ungewöhnlich sensiblen und zarten Haltung dem Leben, sondern auch seiner Zeit gegenüber, ein Sonderfall, der in seinem späten Gedicht *Ultima* von sich zu Recht sagen konnte: »Niemals gehörte ich einer Sache oder einem Menschen, / ... ich war immer ein armer herumstreunender Hund.«

Als Umberto Poli in Triest geboren – sein Vater war zum jüdischen Glauben konvertiert, um Umbertos Mutter, eine Jüdin, heiraten zu können –, nahm er später das Pseudonym Saba an, das auf hebräisch *Brot* bedeutet, studierte zeitweise in Pisa und ging 1905 nach Florenz, wo er seinen ersten Lyrikband publizierte. 1929 begab er sich in psychoanalytische Behandlung, 1943 erhielt er Publikationsverbot und mußte seiner jüdischen Abstammung wegen Triest verlassen, floh nach Paris, dann nach Florenz und Rom, wo er sich während der deutschen Besetzung bei Freunden versteckte.

Dennoch blieb er seinen *Leidenschaften*, so der Titel eines Gedichts, ein Leben lang treu:

Sie sind aus Tränen und Blut
und noch aus etwas anderem. Das Herz
schlägt links.

*

Auf der Flucht vor der Hitze – Florenz ist, wenn wir dem Wetterbericht Glauben schenken dürfen, die heißeste Stadt Italiens – nehmen wir an der Piazza Repubblica Platz im *Café*

Giubbe Rosse, dem Café der Roten Jacken, nach den roten Jacken der Kellner benannt, um die literarische Atmosphäre zu genießen, die das Café immer noch umgibt. Hier begründete sich, schwebend zwischen einer seltsamen, archaischen Welt und dem rückständigen campanilismo – übersetzt etwa »Kirchturmpatriotismus« –, die italienische Literatur am Morgen der Moderne, und hier liegen nach wie vor Stapel italienischer Literaturzeitschriften und Ankündigungen für Lesungen aus. Intellektuelle mit weißen Shawls, Manuskripte und Bücher unter den Arm geklemmt, gehen aus und ein, Verleger treffen sich mit Autoren und Journalisten und führen Dialoge, die den Novellen Sacchettis entnommen sein könnten, in denen die Leute über alles und jedes sprechen, über private und öffentliche Dinge, über die Fürsten der Stadt und das fette und das magere Volk, als handle es sich um Familienmitglieder.

In diesem Café verkehrte bis zu seinem Tod der uralte Indro Montanelli, berühmter Journalist und Schriftsteller mit wechselhafter Biographie, der Mussolini *Gran Babbo* genannt und ihm für die »dreizehn Jahre Schule« gedankt hatte, in denen er Kommandant einer Gruppe von Askaris im Krieg in Äthiopien sein durfte. Kaum zurück, zog es ihn in den Spanischen Bürgerkrieg, aus dem er für den Messaggero berichtete. Als Mitarbeiter an *La Voce* unterzeichnete er 1977 mit Silvio Berlusconi den Kontrakt zur Finanzierung der Montedison: »Klar, du bist der Eigentümer und ich der Verwalter . . .«

Hier saßen die Florentiner Futuristen, deren Zentrale sich hier befand, hier wurden die berühmten Zeitschriften *La Voce*, *Lacerba* und *Solaria* gegründet. Filippo Tommaso Marinetti, Giovanni Papini, Giuseppe Prezzolini, Dino Campana, Aldo Palazzeschi, Vasco Pratolini, Carlo Emilio Gadda und Eugenio Montale diskutierten über Literatur, die Verformung von Wirklichkeiten und die aufwühlende Arbeit mit dem Material der Sprache. Der größenwahnsinnige und ideologisch mit allen Wassern gewaschene Giovanni Papini 1912 machte Aufzeichnungen zu seiner bekenntnishaften Autobiographie unter dem Titel *Un uomo finito*, *Ein fertiger Mensch*, und diskutierte mit Giuseppe Prezzolini über das Programm einer neuen kurzlebigen Zeitschrift namens *Leonardo*: »Eine Gruppe junger Leute, die Befreiung ersehnt, Gleichheit fordert, nach einem höheren geistigen Leben strebt, hat sich in Florenz unter dem symbolischen Eröffnungsnamen des *Leonardo* versammelt, um die eigene Existenz zu intensivieren, das eigene Denken zu erhöhen und die eigene Kunst zu verherrlichen ...« Doch driftete man unter dem Einfluß D'Annunzios immer stärker in irrational-nationalistisches Denken ab. Man stritt darüber, ob Dino Campanas Traumgedichte, die *Canti Orfici*, die Orphischen Gesänge, *baudelairiano* seien oder eher *rimbeauhaft* und ob seine leidenschaftliche Beziehung zu Sibilla Aleramo von Dauer sei. In diesem berühmten Café trank Umberto Saba seinen Espresso und las seinen geliebten Heinrich Heine in einer Übersetzung von 1866, beschäftigte sich mit Freud und Petrarca.

*

Bakunin, Charles Dickens, Anatol France, D. H. Lawrence, D'Annunzio, Rilke, Walter Benjamin, Paul Heyse, Thomas Mann, Henry James, Nathanael Nawthorne – die Liste der Schriftsteller und Künstler, die Florenz besuchten und besangen, ist endlos und zieht sich durch alle Zeiten. Hesse wanderte durch die »dichten, hohen, dunklen Gänge aus Lorbeer« der Boboli-Gärten, Dostojewski schrieb in einer Pension einen Teil des *Idiot*, Rilke in einer Pension am Lungarno Serristori sein *Florentiner Tagebuch*, George Eliot wohnte in einer Schweizer Pension in der Via Tornabuoni und sammelte geschichtliches Material für·ihren gefühlvollen Roman aus der Florentiner Geschichte *Romola*. Das Ehepaar Browning belieferte die Bibliotheken mit Büchern über ihr Florenz, für sie ein Stück erlesenstes Altertum. Anatol France schrieb den Florenz-Roman *Le lys rouge*. Sigmund Freud war in der Villa Il Gioiello untergekommen, wo von 1633 bis zu seinem Tod Galileo Galilei in Hausarrest gelebt hatte, Thomas Mann erstand in der Einkaufsstraße Via Tornabuoni ein »Iris-Parfum« und verfaßte die nach eigenen Worten »recht hybride Hervorbringung« des Savonarola-Dramas *Fiorenza*, eher ein Diskurs um Geist und Kunst, Leben und Tod, ausgetragen zwischen Lorenzo de' Medici, dem Liebhaber von Lebensgenuß, und dem fanatischen und asketischen Mönch Savonarola mit dem zerstörerischen Drang zur Negation allen Lebens, der dem Volk von Florenz die Leviten las:

»O Florenz, Florenz, dein Gefäß ist ganz durchlöchert und kann die Gnade des Öls des Heiligen Geistes nicht zurückhalten.

O Florenz, ich sage dir, du ruhst nicht mehr in dir, sondern bist außer dir! Du hast dich selbst verlassen und bist hinausgegangen zu Wucher Raub und Geiz, zu Wollust, Unterdrückung der Armen, zu Spielen und andern Vergehen ... O Italien, o Florenz, tue Buße ...«

Savonarola, für eine Weile von einer gewissen Attraktion für die Florentiner, wühlte mit seinen Predigten das Volk auf, wie es Thomas Mann in *Fiorenza* beschreibt:

»Der Bruder besitzt die Kunst, mit einem rätselhaft betonten Wort die Gewissen zu berühren, daß die Menge wie ein einziger Körper zusammenzuckt, und es ist sehr interessant, dies zu beobachten, während man selbst in der Seele die gleiche Erschütterung spürt ... Er spricht zu Florenz, er redet es mit du an und fragt mit entsetzlicher Ruhe und Langsamkeit, wie es lebt, wie es die Tage verbringe und wie die Nächte.«

Lorenzo de' Medici ließ Savonarola am 23. Mai 1498 mit zwei Mitbrüdern aus dem Dominikanerorden auf der Piazza de' Signori hängen und verbrennen.

*

Florenz war ein beliebtes Reiseziel im 18. und 19. Jahrhundert. Eine unerfüllte Geschichte, dieser Versuch der Annäherung deutscher Literaten an die mythischen Orte toskanischer Kultur, eine Geschichte voll Schwärmerei und diffuser Zuneigung, in der bereits im 19. Jahrhundert das falsche Licht des Faschismus aufzuglimmen begann. Die gewohnten Formen des gesitteten Umgangs miteinander werden verfallen, Rassedenken wird an die Stelle treten und trotzdem wird das italienische Volk fortfahren, sein gerades Leben zu leben. Daran konnte selbst ein teuflischer Florentiner mit dem irreführenden Namen *Carità*, der als Spitzel und Folterknecht für die SS fungierte, nichts ändern. Die Toskaner blieben an all den Invasionen und fremder Gewaltherrschaft seltsam unbeteiligt, vielleicht weil sie nicht an Ruhm und Glanz der Deutschen glaubten. Und die Sprache, die die Toskaner sprachen, blieb weiterhin von der lärmenden Rhetorik verschont, eine Sprache, die immer klar und politisch war.

Theodor Däubler erschuf sich in Florenz seine eigene *Göttliche Komödie, Das Nordlicht*. Arnold Böcklin, der zwei Jahrzehnte in Florenz lebte, bastelte à la Leonardo da Vinci an einem eigenen Flugapparat, der auf den Hügeln der Toskana zerschellte. Hermann Hesse lag auf einer Blumenwiese im Tal des Mugnone vor Florenz und öffnete genüßlich einen »Juwelenschrank«, das *Decamerone*.

»Als ich einstmals in demselben Tal des Mugnone, wo es seinen Schauplatz hat, das *Dekameron* in einem schönen Frühlingsmonat ganz durchlas, pflegte ich der Wärme wegen frische Limonen dazu zu speisen. Und nun hatte ich die Gewohnheit, daß ich bei jeder Novelle, die mir unanständig erschien, einen Limonenkern in meine Tasche steckte, und als ich ganz zu Ende gelesen hatte, zählte ich neununddrei-ßig solche Kerne. Hiernach wäre denn etwas mehr als ein Drittel des *Dekameron* von unanständiger Beschaffenheit.«

Die meisten Bildungssüchtigen sahen Florenz so blumig und nichtssagend an wie Proust (»Wenn ich an Florenz dachte, so war es für mich eine Stadt, die einer Blütenkrone glich, von köstlichen Aromaten erfüllt, weil sie die Stadt der Lilien war und ihre Kathedrale Santa Maria del Fiore hieß«), hatten so gut wie keinen Kontakt zu den Florentinern und bildeten mit der Stammtischrunde *Götterdämmerung* einen »ästhetischen Ring«, wie der in Florenz ansässige Kunsthistoriker Adolf Bayersdorfer schrieb. Mangels neuer Götter suchte man sie sich in der Geschichte oder erfand sie sich. Ein Klischeebild entstand so, ein träumerisch-schöner, geistiger Ort, der mit dem eigentlichen Florenz wenig zu tun hatte, und hinter diesem Bild verbarg sich nicht selten sogar eine gewisse Aversion, wie bei Thomas Manns *Tonio Kröger*:

»Gott, gehen Sie mir doch mit Italien, Lisaweta! Italien ist mir bis zur Verachtung gleichgültig! Das ist lange her, daß ich mir einbildete, dorthin zu gehören! Kunst, nicht wahr? Sammetblauer Himmel, heißer Wein und süße Sinnlich-keit ... Kurzum, ich mag das nicht. Ich verzichte. Die ganze *bellezza* macht mich nervös.«

Aby Warburg besuchte mehrmals das geliebte Florenz, um seine romantischen Träume wiederzufinden, doch es gelang ihm nicht. Und sein Freund Davidsohn, der auch nach dem Ende des Ersten Weltkrieges in Florenz zu bleiben entschlossen war, schrieb in einem Brief, jenes Florenz gebe es nicht mehr. Eine schreckliche Menschenmasse finde sich an seiner Stelle, der kleinbürgerliche Charakter dieser Stadt zeige sich und lasse die Anmut der Vergangenheit vergessen.

*

Weißer Stein vor einem türkisblauen Himmel, der immer heller wird, je weiter die Sonne sich neigt. Musikanten aus aller Herren Länder ziehen von Café zu Café und nudeln ihre Ohrwürmer ab, darunter aber auch manch eindrucksvolle Darbietung. Junge Männer in Bermudas oder Jeans, junge Mädchen in Jeans oder kurzen Röcken, die sich in den Hüften wiegen, Menschen aller Nationen, wie die Wahl-Florentinerin Isolde Kurz es schon in den 20er Jahren des 19. Jahrhunderts empfand und 1938 in ihrer Lebensrückschau *Pilgerfahrt nach dem Unerreichlichen* festgehalten hat: »Vielleicht waren wir eine Probe der Europäer von übermorgen.« Damals schufen Gespräche über die Kunst und das Schöne Interessengruppen, entfachten Diskussionen oder bildeten Konsens. Sehen die Menschen von heute noch, wie Lilian Whiting in ihrem *Florence of Landor*, in jeder Ecke eine »poetische Legende«, schwärmen sie noch von paradiesischen Landschaften, suchen sie noch traumhafte Bilder aus der Geschichte, ersehnen sie sich Helden, erhoffen sie Verwandlungen? Entdecken Sie das Schöne, das sich ihnen anbietet, oder haben sie davor Angst? Sind sie wirklich so voll und ganz zufrieden mit der Moderne?

Florenz jedenfalls schert das nicht. Es ist da in aller Pracht, doch es ist kein Altar der Vergangenheit, und es hat nicht nur allen Versuchen widerstanden, es dazu zu machen, es wird ihm auch zukünftig widerstehen. Die Florentiner sind seit je-

Eine alte Gasse zur Piazza della Signoria in Florenz

her geschäftstüchtig, schließlich haben sie das Bankenwesen mitsamt seinen Fachleuten und der Finanzsprache erfunden; die Florentiner Kaufleute huldigten bereits im Hundertjährigen Krieg einem entfesselten Frühkapitalismus, spektakuläre Konkurse inklusive. Florenz bleibt eine geschäftige und lebenszugewandte Stadt, ob in Sachen Mode, Möbel, Bilderrahmen, Lederwaren, Textilien, Chemikalien, optische Geräte, Maschinen oder schmiedeeiserne Waren. Die Toskana profitiert in jeder Hinsicht von den Finanzturbulenzen und spekuliert mit Immobilien, selbst der ehemalige Palast der Medici und ein Teil des *Palazzo Tornabuoni* werden in Residenzen für Anspruchsvolle umgewandelt. Florenz wird immer Handel treiben, und es wird immer fortschrittlich bleiben. Es wäre auch absolut unflorentinisch, das anders zu sehen, wie es auch untoskanisch wäre, über die Last der Fremden zu klagen, das gehört nun einmal zum Leben in Florenz.

»Nicht umsonst haben alle fremden Völker«, schreibt Malaparte, »die die Toskana zu besetzen und zu besitzen trachteten, immer feststellen müssen, daß sie von hinten angesehen wurden; immer haben sie dann, um nicht als Tölpel zu gelten, sich sehr entschuldigt und zogen von dannen.« Auch die Engländer und Amerikaner, die sich 1943 von Kalabrien aus bis nach Florenz und Rom hochgearbeitet hatten, wunderten sich, wie wenig man sie beachtete. Sie stiegen über den Radicofani-Paß und betraten die Toskana, um bedauernde Blicke einzusammeln, und als sie durch Livorno, Siena, auf Pisa und Florenz zukamen, fühlten sie, wie sie angesichts der spöttischen Blicke der Toskaner ihre Siegerpose verloren. Malaparte erzählt eine kleine, nichtsdestoweniger typische Geschichte, wie die Sieger den Arno überschritten, vom Ponte Vecchio herkommend, die Piazza della Signoria erreichten und in die Via dei Calzaiuoli einbogen, wo ein unscheinbares Männlein seinen Handkarren vor der Spitze der englischen Panzerkolonie einherschob, hinter ihm rasselte ein mächtiger, kettenklirrender Panzer. Es war Sommer, es war heiß, und die Engländer, zerlumpt und zerzaust, staunten über die adretten Florentiner Verkehrspolizisten, die den Einzug der alliierten Heere regelten. Get away! Go away! schrie ein Soldat, doch der Alte schob seinen mit Weinflaschen voll beladenen Karren vor sich her, wandte sich kurz um und rief: »La si calmi, beruhigen Sie sich, beruhigen Sie sich!«

Go away, go away!

»Was ist denn das für eine Art?« sagte der Mann, »eilig hab ich's schließlich auch«, schob seinen Hut in den Nacken und ging ungerührt seiner Wege, stieß seinen kleinen Karren an, ohne beiseite zu gehen: »Für was haltet ihr euch denn? Meint ihr, daß ihr bei euch zu Hause seid? Wir sind doch frei!«, Äußerungen, die von einem gewissen Stolz zeugen, der dem Toskaner eigen ist, einer Verachtung für alles, was ihr Leben stört, und einer tiefen Überzeugung von der eigenen Überlegenheit.

*

Es ist an der Zeit, in die Gegenwart zurückzukehren. Die Piazza della Repubblica wirkt wie geleckt – ein disziplinierter Raum, kein Chaos, keine Bettler. Ganz anders als in den Nebenstraßen, wo sich edle Kneipen und Bordelle drängen, wie schon in den 20er und 30er Jahren, als die Literaten und heimlichen Dichter zum Abschluß ihrer Dispute gemeinsam in die Etablissements von Florenz gingen. Das beschreibt Antonio Delfini, Dichter aus Modena, in seinen Lebenserinnerungen. Eine neue Flurbereinigung hat seit Berlusconi hier stattgefunden, wie schon damals, in der zweiten Hälfte des 19. Jahrhunderts, als man das Ghetto räumte und alte Gebäude abriß, den gesamten Mercato Vecchio, den alten Markt mit seinen Werkstätten und Verkaufsständen, seinen Patriziertürmen und Loggien dem Abbruch preisgab, um diesen Platz – damals die

Piazza Vittorio Emanuele II, die heutige Piazza Repubblica –
zu errichten. Doch das ist heute längst vergessen. Im Zuge
einer »Neuregulierung« zerstörte man sechsundzwanzig alte
Straßen, zwanzig Plätze und einundzwanzig Gärten, dreihun-
derteinundvierzig Wohnhäuser, vierhunderteinundfünfzig Geschäfte und hundertsiebenundfünfzig Lager. Und die Moder-
nisierung der Straßen um Santa Maria Novella und die alten
Gebiete oltr'Arno, jenseits des Arno, standen noch aus. Hätten nicht die Fremden eine Initiative zur Rettung des alten
Florenz gegründet, Florenz sähe heute anders aus.

Die deutsche Schriftstellerin Isolde Kurz, die täglich die
Via Strozzi entlangging, um an ihr Wohnhaus in der Viale
Margherita zu gelangen, kannte ihre alte Straße noch: »Damals war sie eine lange, unendlich schmutzige, von Verkaufsständen und Tischen umsäumte Gasse, auf der ein immerwäh-
rendes Gekreisch und Gedränge wie auf einem Jahrmarkt
herrschte. Düfte, wie sie sich dort zu einer atemberaubenden
Stickluft mischten, habe ich niemals wieder gerochen. Es ist
nicht zu sagen, was da alles auf offenem Feuer durcheinander protzelte und schmorte und seine Gerüche mit denen des
modrigen Trödelkrams auf den Verkaufstischen mengte.«
Sie erlebte die »Auferstehung« des alten Judenviertels als Ku-
lisse für den Karneval 1886, ehe die Arbeiter alles wieder
beseitigten: »Und als nach Jahr und Tag die Gerüste fielen,
war das alte Florenz nicht mehr, und an seine Stelle trat ein
neues ...«

*

Schon zu den Zeiten der Etrusker gab es eine Brücke über
den Arno. Der Ponte Vecchio, die »alte Brücke«, benannt nach
einem Hochwasser von 1345, das die Holzbrücke zerstört
hatte, aus Stein wiedererbaut, ist die älteste Brücke von Florenz und eine der ältesten Segmentbogenbrücken der Welt.

Wir erreichen sie über die Piazza della Signoria, wenn wir in die Via Porta Santa Maria einbiegen. An beiden Seiten der Brücke befinden sich seit 1345 aneinandergereiht kleine Läden mit Eingang, nur in der Mitte der Brücke geben drei Arkadenbögen den Blick auf den Arno frei.

Waren früher auf der Brücke Schlachter und Gerber tätig, die ihre Abfälle in den Arno warfen, so wurden sie später durch Goldschmiede ersetzt, die heute noch hier zu finden sind. 1565 ließ Cosimo I. die beiden großherzöglichen Paläste Palazzo Vecchio und Palazzo Pitti durch Giorgio Vasari mit einem Korridor verbinden. Beim Rückzug der deutschen Truppen aus Florenz im Zweiten Weltkrieg gab angeblich Hitler den Befehl, die Brücke nicht zu beschädigen.

Benvenuto Cellini, Vertreter des Manierismus, Bildhauer, Goldschmied und Erzähler, grüßt auf dem Ponte Vecchio von einem Sockel. In seinen Lebenserinnerungen erzählt er von seiner berühmten *Saliera*, einem zierlichen Salzgefäß, das er für einen Kardinal anfertigte. Lange geriet sie in Vergessenheit, wurde jedoch durch das Interesse Goethes wiedererweckt, der die Vita Cellinis aus dem Italienischen übersetzte. Vor einiger Zeit wurde die Saliera aus dem Kunsthistorischen Museum in Wien gestohlen.

»Ich nahm einen runden Untersatz, ungefähr zwei Drittel einer Elle, und darauf, um zu zeigen, wie das Meer sich mit der Erde verbindet, machte ich zwei Figuren, einen guten Palm groß, die mit verschränkten Füßen gegeneinander saßen, so wie man die Arme des Meeres in die Erde hineinlaufen sieht. Das Meer, als Mann gebildet, hielt ein reich gearbeitetes Schiff, welches Salz genug fassen konnte; darunter hatte ich vier Seepferde angebracht und der Figur in die rechte Hand den Dreizack gegeben. Die Erde hatte ich weiblich gebildet, von so schöner Gestalt und so anmutig, als ich nur wußte und konnte. Ich hatte neben sie einen reichen, verzierten Tempel auf den Boden gestellt, der den Pfeffer enthalten sollte; sie lehnte sich mit einer Hand darauf, und in der andern hielt sie das Horn des Überflusses, mit allen Schönheiten geziert, die ich nur in der Welt wußte.«

Goethe übersetzte auch Cellinis Gedicht, dessen erste Zeile lautet:

Um vor die Seele dir, mein Herr, zu bringen
Welch Wunder diese Tage Gott mir schickte,
Welch herrliches Gesicht mich hoch entzückte,
Wünscht' ich die Kraft ein himmlisch Lied zu singen.

*

Über die Via de' Guicciardini in der Verlängerung des Ponte Vecchio gelangen wir zum Palazzo Pitti, der auf einer kleinen Anhöhe liegt, über drei Jahrzehnte lang, bis 1895, Residenz der toskanischen Großherzöge, die sich hier eine bedeutende Galerie, die Galleria Palatina, hielten, umgeben von den verschwenderischen Boboli-Gärten, die im Sommer die Luft im Palast frischer machten. Leon Battista Alberti schrieb in seinem Werk *De Re Aedificatoria* auch über Gärten, die aber nicht viel anders aussähen als die der Antike mit ihren Grotten und Buchsbaumrabatten, den Terrassen und Zypressenalleen, den Laubengängen und Bosketten. Doch während Alberti vor allem die Pflanzen seiner Gegend in seine Gärten holte, ließen die Erzherzöge Gewächse aus Sizilien importieren, aus Spanien und dem Orient, vor allem die Pflanzen der berühmten maurischen Gärten, und was man im Winter nicht im Freien lassen konnte, wurde in Kübel gepflanzt. Hermann Hesse liebte die Boboli-Gärten, von denen aus er auf Florenz herabblickte, spazierte durch die blumenübersäten Wiesen und die »dichten, hohen, dunklen Gänge aus Lorbeer« und ersann sich schöne, edle Patrizierinnen unter den Kastanien.

»Wenn ich vom Giardino Boboli rede, darf ich den Fontänenteich mit den Goldfischen nicht vergessen, der mich manche Stunde lang ergötzt hat. (...) Es ist ein köstlicher Anblick, wenn ein Schwarm der zinnoberrot und golden leuchtenden Tiere durch das hellgrüne Wasser über weiße Spiegelwolken wegschwimmt, durch das außergewöhnliche Farbenspiel sowie durch den Reichtum an raschen, eleganten, mühelosen Bewegungen entzückend...«

Schräg gegenüber dem Schloß hat im Jahr 1943 und 1944 im Versteck Carlo Levi, der jüdische Schriftsteller, Arzt, Maler und Widerstandskämpfer, im truppenbesetzten Florenz seinen Roman *Cristo si è fermato a Eboli, Christus kam nur bis Eboli*, geschrieben. Ein Freund Piero Gobettis, der im Widerstand mit der Turiner Gruppe *Giustizia e libertà* zusammenarbeitete und vom faschistischen Regime in die Basilicata verbannt wurde, erzählt er in gewandtem, detailreichem Stil die Chronik seines Exils an einem entlegenen Ort. Sein Buch berührt durch die kluge und warme Teilnahme am Schicksal der dortigen Bevölkerung, von Ignoranz, Aberglauben, Hunger und Krankheit heimgesucht. Ein Ort, von allen guten Geistern verlassen, den Christus, der, nach einer in Eboli verbreiteten Redewengung, nur bis Eboli kam, nie aufsuchte.

*

Hier gibt es wenige Touristen, dafür sehen wir Nonnen, die vor Posamentengeschäften und Spitzenläden haltmachen und die Handarbeiten bewundern. Hinter einem Spitzenvorhang sitzen Stickerinnen:

Ihre goldnen Hände, deren Finger leise
die leisen Fäden auf dem weißen Leinen
zu Blumen knüpfen, die in ihrer Weise
zu duften scheinen

– Zeilen aus dem 1897 in den *Poemetti* veröffentlichten Gedicht von Giovanni Pascoli.

Kinder spielen auf den Straßen, alte Frauen sitzen vor den Türen. Die alten Männer sitzen schweigend auf einer Bank. Jenseits des Arno, am Lungarno, ist der Strom der Touristen fern. Hier ist es kleinstädtisch, wie in den Florentiner Kriminalromanen von Magdalen Nabb, der passionierten Reiterin, die den Folgen eines Reitunfalls erlag. Nahe dem Arno gibt es Pensionen mit einem »Zimmer mit Aussicht«, mit Fenstern zum Fluß, wie es E. M. Forster in seinem Roman beschreibt, nach der James Ivory 1989 einen Film mit Helena Bonham Carter drehte. Zur Zeit Forsters schwärmten die Engländer über die ganze Toskana aus und bildeten feste Klüngel in Florenz.

»Wir leben am Ende der Zeit«, heißt es im Florentiner Roman von Henry James *Porträt einer jungen Dame*. Wir nehmen die Pontevecchio zurück und durchstreifen die stillen Straßen, abseits vom schicken Lungarno und betrachten die anspruchslosen Häuser. »Charakteristisch waren die steile Außentreppe und eine breite, niedrige Bogenöffnung gleich neben dem Eingang, durch die Licht in Laden und Werkstatt des Besitzers fallen konnte. Die Hauptstraßen waren auf Kosten der Familien, die dort ihre Häuser hatten, gepflastert«, schrieb Iris Origo über die toskanische Stadt. Die Straßen sind immer noch eng, so eng, daß, wie Sacchetti in einer seiner Novellen erzählt, ein Reiter, der durch die Straße ritt und seine Füße in den Steigbügeln weit nach außen streckte, die ganze Breite der Straße einnahm und die Passanten ihm unfreiwillig die Spitzen seiner Schuhe putzten.

An einem Türschild in der Via Lorenzo Il Magnifico lesen wir den Namen *Terzani*. Tiziano Terzani, in Florenz geboren, wo er auch eine Wohnung besaß, war Reporter des *Spiegels* für Fernost. In seinen *Briefen gegen den Krieg* hat Terzani gewarnt, daß der Westen verlieren werde, falls er für einen Sieg über den Terrorismus und die »Achse des Bösen« seine moralischen Prinzipien aufgebe. Einer dieser Briefe ist auch an an die militante Oriana Fallaci gerichtet. *La fine è il mio inizio, Das Ende ist mein Anfang* schrieb er zusammen mit seinem Sohn Folco: das Buch über seinen bevorstehenden Tod, den er willkommen heißt – »Die wahre Entscheidung ist, du selbst zu sein« – wurde ein Bestseller.

In Florenz nicht anders als in Venedig bezaubern die kleinen Gassen, welche die meisten Touristen kaum betreten. Gassen mit alten Torbögen, gemauert für Jahrtausende, und einsehbaren begrünten Hinterhöfen, mit Rosenstöcken in großen Terrakottatöpfen, Efeuranken und Bougainvilleen, dunklen Kellern mit Ölfässern und verwitterten Motorinos. In solch einem Haus muß der Lyriker und Essayist Franco Fortini, eigentlich Franco Lattes, gewohnt haben, der 1917 als Sohn eines jüdischen Vaters in Florenz geboren wurde und 1994 starb und der trotzig in seinem Zyklus *La poesia delle rose, Die Poesie der Rose* die Rose besang, allerdings vor dem Hintergrund der korrupten Welt des Nachkriegskapitalismus. Der Doktor der Rechtsphilosophie, der sich zum Waldenser taufen ließ, beteiligte sich Ende 1944 am Partisanenkampf in Valdossola. Er trat 1957 aus der Sozialistischen Partei aus, exponierte sich als Vertreter eines kritischen Marxismus, der der neuen Linken nahestand, und unterrichtete an der Universität Siena Geschichte.

Seine ersten Gedichte sind, so sein Übersetzer Hans Magnus Enzensberger, »durch und durch getränkt von der toskanischen Tradition«: ein Dichter, der die Geschichte seiner Literatur und Sprache kennt, den *dolce stil nuovo* der Dante-

Zeit, die in der italienischen Literatur von heute immer noch eine große Rolle spielt. Nach 1968 wichen seine hohen Erwartungen von der Veränderung der Gesellschaft einer gewissen Ernüchterung und einem Mißtrauen gegenüber Ideologien, wie sie Fortini bereits 1965 in seinem Essayband *Verifica dei poteri* formulierte. Er nahm an den Ereignissen leidenschaftlich Anteil, und nicht ohne Grund widmete ihm Pasolini *sein* Gedicht *Frammento alla morte*, in dem er die Sonne Afrikas, »die die Welt erleuchtet«, besingt. Fortini fand zu einem persönlichen Stil, der berührte und doch modern wirkte. Der Lebensweg eines Linksintellektuellen, wie er im Buche steht und wie es ihn in Italien kaum noch gibt. Ja, Fortini muß in dieser Straße gewohnt haben:

In einer Straße von Florenz
weiß ich ein Tor, das geht auf einen gepflasterten Hof.
An den Mauern antike Graffiti:
Herkules und die Hydra, ein Amor, Blätterkronen,
steinerner Lorbeer und Rosenstauden.
Ich weiß nicht, wer dort wohnt. Still wie eine Kirche
                                   das Haus.
Der Himmel darüber ruht aus. Es ist alles an seinem Platz.
Wenn ich in Florenz bin, durch diese Straße komme,
suche ich diesen Hof auf und schaue:
darüber ziehen die Wolken, wie immer,
Schatten fällt über die Mauern wie über Gebirge.
Auch in mir ziehen diese Wolken.
Auch in mir ragen diese Mauern.
Deshalb schaue ich und schaue diese Stille an,
die sehr alten Efeukränze.
Es scheint mir, als zögere eine Rose im Fels.

9. Die Muse, eine mannweibliche Amazone
Alfieri

Entlang der mondänen Via Cavour, vorbei an Nummer 1, dem Palazzo Medici, über die Piazza San Marco mit dem gleichnamigen Kloster machen wir zum Abschluß unseres Florenz-Besuches einen Besuch beim Pantheon der Florentiner, der verschwenderisch ausgestatteten und dennoch heiteren Kirche von Santa Croce. Im Jahr 1295 nach den Plänen von Arnolfo di Cambio begonnen, war der Bau gut neunzig Jahre später vollendet. Hier liegen Michelangelo und Galileo Galilei, von drei Jünglingen bewacht: Leon Batttista Alberti, Machiavelli, Rossini und Cherubini und nicht zuletzt Vittorio Alfieri, der Patriot und Dichter des 18. Jahrhunderts, begraben. Die Sonne, die durch die Kirchenfenster dringt, prallt am weißen Stein zurück, und zeigt uns einen Raum von gewaltigem Ausmaß – 116 Meter tief und 19,5 Meter breit, ausgerichtet nach dem Goldenen Schnitt. Dennoch wirkt die Kirche nicht gigantisch, sondern vermittelt den Eindruck von großer Geschlossenheit. Dieser Prachtbau der Florentiner Gotik ist der an Kunstwerken reichste Bau der Stadt, mit Tempera-Fresken Giottos, einem um 1433 entstandenen Macigno-Relief von Donatello, mit Vasaris Grabmal des Michelangelo aus dem Jahr 1564 und Teerrakotta-Arbeiten aus der Werkstatt Luca della Robbias. Wir finden sie rechts von der Kirchenfassade im Museo di Santa Croce, der um 1450 gebauten Pazzi-Kapelle nach Plänen Brunelleschis. Im Refektorium entdecken wir eine einzigartige Kunstsammlung mit dem großen gemalten Kruzifix Cimabues, um 1280-85 entstanden.

La Vita di Vittorio Alfieri, scritta da lui stesso, Das Leben des Vittorio Alfieri, von ihm selbst geschrieben, so der Titel der Lebenserinnerungen des Zeitgenossen Goethes und großen Dichters der Toskana Alfieri. Der Verfasser klassischer Tragödien lebte für den republikanischen Freiheitsgedanken und beeinflußte die Freiheitsbewegung des Risorgimento.

Sechs Monate vor Goethe im Jahr 1749 geboren und 1803 in Florenz gestorben, zieht er einen gewissen Nutzen aus seiner Herkunft:

»Meine adlige Herkunft war mir sehr nützlich, um späterhin, frei von Vorwurf, neidisch zu sein, den Adel an und für sich verachten und seine Lächerlichkeit, Mißbräuche und Laster enthüllen zu können.«

(zit. n. Leuschner)

Schon als Kind atmete er eine unerklärliche Schwermut aus, einen tiefpessimistischen Geist, der den Todesmutigen dazu verführt, auf der Wiese des väterlichen Landsitzes sämtliche Pflanzen wahllos zu verschlingen, hoffend, es werde auch Schierling darunter sein und er verbleichen. Auch homosexuelle Neigungen vermerkt er in seiner Vita, eine schwärmerische Bewunderung für zwei Novizen in der Kirche von Asti, dem Ort seiner Geburt:

»Aus den Einwirkungen einer Erotik, die mir selbst unbewußt, aber in meiner Einbildungskraft stark tätig war, entstand der Hang zur Schwermut . . .«

Schwermut, Wut und Scham. Er erkrankte. Auch auf der Turiner Militärakademie kränkelte er, wurde von den Kameraden mit dem lieblichen Titel »Schindmähre« belegt. Als ihm die Kopfhaut aufplatzte, mußte sein Kopf geschoren werden. Er trug fortan eine Perücke und wurde zum Gespött seiner Mitschüler. »Als ich aber sah, daß ich (. . .) Gefahr lief, mit ihr (der Perücke) die Achtung vor mir selbst einzubüßen, gab ich mich ganz unbefangen, ... indem ich ... mir selbst die Perücke vom Kopf riß, sie durch die Luft schleuderte und ihr jeden Schimpf antat. Und wirklich war ich nach einigen Tagen ... die am wenigsten verfolgte, ja, ich möchte sagen, die geachtetste Perücke meines Jahrgangs ... Damals lernte ich, daß es nötig sei, immer den Schein anzunehmen, als gäbe man etwas freiwillig, wenn man nicht hindern kann, daß es einem genommen wird.«

Erfahrungen, aus denen, so die Essenz seiner Vita, stets wohlgesetzte Lehren gezogen werden. Doch erst einmal lehnt Alfieri alles ab, was ihm auf der Akademie angeboten wird. Der Unterricht: die pure Eseligkeit – er schläft »aufs süßeste«. Tanzen: Hampelmännerkunst. Paris: armseliger Häuserprunk, geschminkte Fratzen der »sehr häßlichen Weiber«. Verbote reizen ihn, sie zu brechen. Für einen dreimonatigen Arrest in der Akademie rächt sich Alfieri auf seine Weise:

»Ich ließ mich nicht mehr kämmen, zog mich nicht mehr an und war einem Wilden ähnlich geworden.«

Nur das Reiten läßt er gelten und später, ab 1766, nach dem Tod des Vaters, das Reisen, das ihn zu einem scharfen Beobachter fremder Sitten und politischer Verhältnisse werden läßt. So zieht er eigentümliche Schlüsse aus der Betrachtung eines Massengrabs über dem Schlachtfeld von Zorndorf, wo Friedrich II. einen blutigen Sieg über die Russen errang:

»Die weiten Massengräber wurden durch das lebhaftere Grün und die dichteren Ähren des Korns deutlich bezeichnet, das in dem übrigen an sich dürren ... Erdboden dünn und ärmlich aufgeschossen war. Ich mußte damals die traurige, aber nur zu wahre Betrachtung machen, daß Sklaven wirklich nur geboren werden, um als Dünger zu dienen.«

Reisen aus quälender Rastlosigkeit: in Parma ein einziger Tag, in Modena wenige Stunden, Florenz gefällt ihm, aber doch weniger als Genua, ein Tag in Lucca, und weiter nach Pisa, nach Livorno, nach Siena, nach Rom, nach und nach durch die Städte Europas, Portugal, Dänemark, Schweden, Finnland, Rußland, mehrfach ist er in Deutschland.

Und die Liebe? Skandalös, ambivalent, pathetisch, tragisch. Fluchtaktionen, um reumütig wieder zurückzukehren. Schüttelkrämpfe, da die Turiner Marchesa ihn mit einem Pferdepfleger hintergeht. Doch als sie erkrankt, sitzt der anhängliche Cicisbeo nächtelang an ihrem Bett und beginnt, die *Cleopatra* zu schreiben. Als die Geliebte genesen ist, wird das begonnene Manuskript unter einem Sitzpolster entsorgt, wo es »über etwa ein Jahr hinweg vom Gesäß seiner Dame und anderer Personen trefflich ausgebrütet wird«.

Wie geht Alfieri mit seiner Wut um, als er begreift, wie abhängig er von der Marchesa ist? Er beschneidet sein Haar und schickt es einem Freund, beruhigt, daß er sich nun keinen Zopf mehr machen, ergo nicht mehr in der Öffentlichkeit erscheinen kann. Drei Monate, die er immer wieder »heulend und schreiend« verbringt, auf seinen Wunsch von den Dienern an den Stuhl gefesselt, um nicht schwach zu werden. Doch hat er zuvor noch flugs seine *Cleopatra* unter dem Polster hervorgeangelt und macht sich bald an die Arbeit. 1775 wird das Stück in Turin aufgeführt, und Alfieri gilt hinfort als Tragödiendichter *comme il faut*, wird später in einem Atemzug mit dem Venezianer Goldoni genannt, den die Lektüre des *Mandragola* von Machiavelli als »erste Charakterkomödie« »in Entzücken versetzte«.

Doch ehe er sich wirklich *autor tragico*, Tragödiendichter, nennen kann, muß der Piemontese Italienisch lernen, dessen er nicht mächtig ist. So begibt er sich 1776 mit siebenundzwanzig Jahren (wie später Manzoni) in die Toskana, um dort gutes Toskanisch zu hören und zu sprechen, und liest Tasso, Ariost, Petrarca, Dante, dazu Stücke der Franzosen in italienischer Übersetzung, die Stücke Senecas und die griechischen Tragödien, Vergil, Terenz, Pope, Herodot. Und, nicht zuletzt, denn wir befinden uns im *settecento*, dem 18. Jahrhundert, liest er die französischen Aufklärer, Montesquieu, Voltaire und Rousseau und formuliert ein staatsbürgerliches Engagement in *De la tirannide*, einer politischen Schrift, in der er Gedanken zum Kampf des Individuums gegen die Tyrannei etablierter Monarchien entwickelt, Leitmotiv auch seiner Tragödien.

War es also vorbei mit seiner Müßiggängerei als gelangweilter Aristokrat?

Ich war zum ersten Mal frei, schreibt Alfieri, nicht zuletzt der Verdienst der Gräfin von Albany. Schon nach zwei Monaten »sah ich, daß dies die richtige Frau für mich war – denn anstatt in ihr, wie in allen gewöhnlichen Frauen, ein Hindernis für literarischen Ruhm, eine Störung in nützlichen Beschäftigungen und eine Verminderung der Ideen zu finden, fand ich hier Ansporn, Unterstützung und Vorbild zu jedem guten Unternehmen«.

Nur mit Genehmigung des piemontesischen Königs durfte er in Florenz leben und außerhalb Piemonts keine Zeile ohne die Zustimmung der dortigen Revisoren publizieren. Sonst drohte eine empfindliche Geldstrafe oder sogar körperliche Züchtigung. Alfieri beschloß, nicht mehr »Vasall und Autor« zu sein. Schließlich gestattete ihm Viktor Emanuel II. von Savoyen die Ausbürgerung.

Zwischenstationen seiner Liebe zur Gräfin Albany: Rom, wohin die Gräfin 1780 vor ihrem Gemahl floh; das Elsaß; das revolutionsgebeutelte Paris, das er kurz vor den Septembermorden unter dramatischen Umständen fluchtartig verließ; und schließlich wieder Florenz, wo er bis zu seinem Lebensende 1803 blieb. Neunzehn Tragödien, sechs Komödien, über vierhundert Sonette, Epigramme und Oden, Satiren und politische Traktate, außerdem Glossare zu Thukydides, Xenophon, Übersetzungen von Euripides, Sophokles, Aischylos und Aristophanes hat er verfaßt.

10. Die Schönen von Livorno

Von Florenz nach Livorno

> *Oh, ihr Schönen von Livorno,*
> *alle zwei Monate macht ihr Söhne.*
> (Curzio Malaparte)

»Die Sonne stand schon hoch, als wir das Meer zum ersten Mal sahen. Es war heiß und durch das offene Fenster drangen der Rauch der Dampflokomotive und der Geruch der Meeresbrise. Entlang der Gleise wiegten sich große rote und weiße Oleanderbüsche im Wind.« So beschreibt die Journalistin Franca Magnani, die jahrelang für den Bayrischen Rundfunk aus Rom über Italien berichtete, ihren ersten Toskana-Besuch bei Großvater Ercole in Livorno. Von Livorno aus unternahm sie Stipvisiten in kleine belebte Dörfer und gewann so einen tiefen Einblick in das »tiefe Geheimnis toskanischer Menschen und toskanischer Landschaft, das die großen Meister der Renaissance hier mehr als anderswo zu ihren Kunstwerken inspirierte«. Dabei versäumte sie es nie, den traditionellen *cacciucco*, eine Fischsuppe, zu sich zu nehmen. »Die schon von den Römern angelegte Via Aurelia führt eine steinige, zuerst mit Pinien, dann mit Zypressen bewachsene Küste entlang, durch kleine, friedliche, dem Ausländer meist noch unbekannte Badeorte wie Ardenza, Antignano und Castiglioncello. Aus dem bald tiefblauen, bald grünlichen oder bleifarbenen Wasser (kein Meer ist so veränderlich wie das Tyrrhenische) ragen hohe, rötlich-braune Felsen auf, an denen sich zischend, vom toskanischen Mistral, dem *libeccio*, gepeitscht, die breiten Wellen zerschlagen. Gegen das Landesinnere blickend: die klassische, hügelige, mit Zypressen bewachsene Landschaft, diejenige, die Leonardo da Vinci für sein

Meisterwerk, die *Mona Lisa*, als Hintergrund wählte.« Über uns: »... il cielo toscano, ein lichter, klarer, warmstrahlender Himmel, den wiederum der große Meister im Mittelpunkt seines *Abendmahl*-Gemäldes als Hintergrund gewählt.«

Franca Magnanis Familiengeschichte *Eine italienische Familie*, in der sie ihre Erinnerungen an ihre Kindheit und Jugend, die Geschichte des faschistischen und antifaschistischen Italien beschreibt, wurde ein Bestseller.

Draußen im Meer, vom Nebelschleier umhüllt, kann man die Konturen der Insel Elba ahnen, die Napoleon nach seiner Abdankung 1814 als Souverän mit Kaisertitel erhielt. Doch länger als ein Jahr hielt er die Verbannung nicht aus, er kehrte im März 1815 nach Paris zurück und riß noch einmal die Herrschaft an sich.

Über Jahrhunderte war Livorno Zwischenstation einer Italienreise und diente als Hafen für Fremde, die per Schiff kamen, Engländer, Franzosen und Niederländer machten hier Station. Die blühende Wirtschaft verschaffte der Stadt gute Einkünfte, und sie wurde wohlhabend, amerikanische Reisende nahmen die langen Quarantänezeiten in Kauf und lösten hier ihre Kreditbriefe ein. Griechische, türkische, spanische, arabische und jüdische Geschäfte wuchsen aus dem Boden, ein Duft von Gewürzen, Tabak, Fischsuppe, Pech, Rum, Stockfisch und Kaffee wehte durch die Lauben.

Der Schriftsteller Stendhal gab in seinen Reiseberichten konkrete Tips: »In Livorno in der Aquila Nera absteigen: das Zimmer kostet 3 paoli (oder 3 mal 56 centimes), der paolo unterteilt sich in 8 crazie: die crazia ist die leichteste Münze der Welt, sie entspricht 7 centimes. Ins Café del Greco gehen: essen gehen gegenüber dem Greco in der Pergola (Abendessen 25 crazie); die Statue über dem Hafen, den Judenfriedhof und den der Engländer ansehen.«

So schön wie damals ist Livorno heute nicht mehr. Der Hafen, von dem aus die Fähren nach Elba und die Dampfer nach Civitavecchia gehen, verschmutzt das Meer, und brauner Schaum schlägt gegen die schlierigen Klippen. Große Frachtschiffe laden ihre Waren ab, Container, Speicherhäuser und Kräne, Wehrtürme, Lager und Kontore bilden eine eigene Stadt. Hier legt die Fähre nach Sizilien an. Man sieht Matrosen und Kaufleute von Bar zu Bar ziehen.

Das historische Zentrum, von den Medici als Mittelpunkt einer idealen Stadt geplant, wurde im Zweiten Weltkrieg zerstört. Doch wie alle Hafenstädte hat sich Livorno ein eigenes weltmännisches Flair bewahrt, wie es das bereits zu Zeiten Charles Dickens' besaß, der Livorno als eine »blühende, rührige, nüchterne Stadt« bezeichnete, allerdings mit schlechtem Ruf wegen seiner Messerstecher und Meuchelmörder, die sich sogar in einem Klub zusammentaten.

Eine Stadt mit politischer Tradition. Hier lebte der Patriot des Risorgimento Carlo Bini, der in seinem *Manoscritto di un prigioniero*, dem Manuskript eines Gefangenen, im Jahr 1833 über seine Erfahrung im Kerker von Portoferraio reflektierte, die Ideale der Freiheitskämpfer hervorhob und ihre Entschlossenheit, im Notfall auch in den Tod zu gehen. Die Toskana war immer auch die Gegend in Italien mit dem größten Anteil an Linken. Antonio Gramsci, der hervorragende Theaterkritiker zwischen den beiden Weltkriegen, seit 1913 Mitglied der Sozialistischen Partei, gründete in Livorno 1919 die Gruppe *Ordino Nuovo*. Sie war die Keimzelle der Kommunistischen Partei KPI, deren Generalsekretär er wurde, und er gründete die Zeitung *L'Unità*. 1926 wurde er verhaftet und von einem faschistischen Sondergericht zu zwanzig Jahren Zuchthaus verurteilt, er schrieb sein ganzes Werk im Gefängnis und starb an den Folgen der Haft. Pier Paolo Pasolini sah in Gramsci, diesem beweglichen Geist, der schwierige Dinge in einfacher Sprache zu behandeln verstand, seinen »Bruder« und Lehrmeister und verarbeitete sein Schicksal im berühmten Gedicht *Le ceneri di Gramsci*, Die Asche Gramscis.

Etwas vom alten Livorno finden wir noch im Stadtviertel La Venezia, wie es die Livorneser nennen, im Zentrum, wo man immer noch Seeleute sehen kann, die mit ihren Kindern spielen, und zerzauste Mädchenköpfe, die aus den Fenstern blicken. In den Straßen drängt sich das »alte, wahre, unverfälschte Livorno«, so Malaparte. Die *Cárceri*, das Stadtgefängnis ist hier, die Piazza Giordano Bruno, mit einem Denkmal für den Autor des polemischen und zeitkritischen Stücks *Il Candelaio*, der Kerzenmacher, in dem er gegen Aberglauben und Magiertum zu Felde zieht. Eine scharfe Attacke des »Akademikers ohne Akademie«, wie sich der Doktor der Theologie, Priester und Dominikaner, der bald den Orden verließ, selbst nannte. Ein Stück des »Angeekelten« über die menschliche Dummheit. Sein Leben lang war er in Prozesse wegen seiner Kritik an Skulpturen und Abbildungen von Heiligen verwickelt, nicht zuletzt weil er verbotene Texte des Erasmus mit sich geführt haben soll. In Anklagen verstrickt, führte er ein Wanderleben, das ihn nach England, Prag, Zürich, Frankfurt und Oberitalien und auch nach Livorno brachte. Nach seiner Rückkehr nach Italien wurde er jahrelang verhört und schließlich in Rom auf dem *Campo di Fiori* verbrannt.

»Nebenan steht die schöne Kirche an der Piazza Giordano Bruno«, schreibt Malaparte, »und in einer Ecke des Platzes der leere Sockel für den Autor des *Candelaio;* unwillkürlich muß man denken, daß Giordano Bruno einen kleinen Spaziergang hinab zum Scalo del Vescovado unternommen hat, um sich mit den auf dem Geländer der Marmorbrücke sitzenden Mädchen zu unterhalten, oder in die Via delle Acciughe, die Sardellenstraße, in der einen stets Durst befällt, oder in die Via della Venezia, um in der Bar Transatlantica, einer alten dumpfen Osteria, einen *tropedino* zu trinken.«

Wir nehmen einen Espresso und bewundern die einfache und klare Sprache der Menschen um uns herum, dem Alltäglichen zugewandt. Der in Livorno geborene Lyriker Giorgio

Die alte Hafenstadt Livorno

Caproni hat sie in seiner Kindheit gehört und später nach Genua, wo er wohnte, mitgenommen – sein Name ist untrennbar mit Livorno verbunden. *Alba, Vespro, Spiaggia di sera, Fine di giorno, Marzo, A mio padre* – schon die Titel seiner Gedichte zeigen seine Direktheit und wache Genauigkeit. Die kühne Offenheit, mit der er das Italien von heute sieht, besticht. Es sind kleine Gedichte aus dem Leben – er selbst, Musikkenner und Musiker, nennt seine musikalische Art zu schreiben schlichtweg die *linea della vita*, die Linie des Lebens, schätzt die *canzonetta*, meidet jedes Pathos und liebt *rime chiare*, klare Reime.

Caproni übersetzte viel, Maupassant, Proust, Céline, Genet, Baudelaires *Blumen des Bösen*, er lebte mit seiner Familie ärmlich und bescheiden.

In den *versi livornesi* finden wir das berührende Gedichte über seine Mutter Anna Picchi, die 1950 starb, *Il seme del piangere*, Der Samen der Tränen. In seinen späteren Gedichten und Sonetten, geschrieben zwischen 1938 und 1955, geprägt von den Zerstörungen des Krieges und dem Leiden der Menschen – in *Gli anni tedeschi, Die deutschen Jahre* – verdichtet sich die Trauer. Caproni nimmt die Religion ernst, im Gegensatz zu den Toskanern, die, so Malaparte, von Christi Himmelfahrt sprechen, »als handle es sich um einen neuen Flugzeugtyp«, und deren Glauben, so Sacchetti, »sehr weit gefaßt« ist.

»Gott hat sich nicht versteckt. / Gott hat sich umgebracht«, heißt es in *Deus absconditus*. Zeilen, nicht so schlicht und einfach, wie es auf den ersten Blick scheinen möchte, denn dahinter verbirgt sich seine Betroffenheit. Kein nutzloses Auflehnen, kein künstliches Pathos, sondern Aufmerksamkeit, so auch in *Furto:* »Sie haben Gott gestohlen. Der Himmel ist leer. / Der Dieb ist noch nicht verhaftet (und wird es auch nie sein).«

11. Die verlorene Jugend in Colle Val d'Elsa
Von Livorno nach Colle Val d'Elsa

Unsere nächste Station sind die turmbewehrten Mauern der Burganlage von Monteriggioni. Ein kurzer Abstecher zum Platz, vom Häuserrund und der Mauer umgeben. Überall Blumen an den Fenstern, Kübel mit Blumen am Platz, Antiquitätengeschäfte und Läden mit Terrakottawaren. Straßenkehrer sprengen das Pflaster, der Weinhändler steht vor der Tür seines Ladens, ein Kutscher döst auf dem Bock seines Gefährts unter einem fransenbehangenen Sonnenschirm, erwacht, reibt sich die Augen und bietet flink eine Fahrt nach San Gimignano an, der heillos überlaufenen mittelalterlichen Stadt mit ihren Geschlechtertürmen und dem berühmten Vernaccia. Doch uns genügt einstweilen einer der vierzehn Türme der *terra murata*, 1203 von Siena als Bollwerk gegen Angreifer aus dem Norden erbaut. Dante erhob diese Türme zu »Giganten«.

Die mittelalterliche Vergangenheit der wunderbar erhaltenen toskanischen Städte wird jedes Jahr im August neu inszeniert, alle spielen mit und scheinen sich singend und redend zu einem unaufhörlichen Madrigal zu bewegen. Umzüge in Ritterkostümen und prunkvollen Gewändern werden abgehalten, trommelschlagendes Fußvolk marschiert durch die Straßen, Knappen werfen in kunstvollen Kapriolen die Fahne in die Luft und fangen sie wieder auf. Eselrennen, Schweinerennen, Pferderennen – Wettläufe aller Art. Das Fest der Polenta, der Ribollita, des Schweinefleischs, des Risottos, der acqua cotta ... jede Region feiert ihr spezielles Gericht, und abends gibt es große Tafeln, die sich über ganze Straßenzüge erstrecken, mit Musik und Tanz.

Uns zieht es nach Colle Val d'Elsa, wo wir in der herrlichen

Bar *Lido* unter den mittelalterlichen Arkaden knusprig frische oder getoastete belegte Brötchen und ein Reistörtchen verspeisen und die Kunst des Barmanns bewundern, der mit Grazie in ungeheurer Geschwindigkeit sieben Espressi hervorzaubert und serviert. Er kennt auch den Schriftsteller Romano Bilenchi, 1909 in Colle Val d'Elsa geboren, der bis zu seinem Tod 1989 regelmäßig die Bar besucht hat. Bilenchi, der die Volte vom linksfaschistischen Autor zum Antifaschismus und Kommunismus schlug, blieb bis zum Lebensende ein liberaler Kommunist und suchte, ganz bürgerlicher Bruder Tozzis, in seinen Büchern die verlorene Jugend, die feuchte Luft der Niederung, die Farbe der Erde, der Blätter, der Steine, die Frische der toskanischen Landschaft, die Plätze und Palazzi der kleinen mittelalterlichen Städte, die er mit Menschen vergangener Zeiten belebt:

»... die grausamen Männer der Vergangenheit und die Frauen, die entweder zart und engelsgleich oder glühend vor Leidenschaft waren, lösten sich von den Gemälden und kamen auf die Straße herabgestiegen, an deren Rand die Palazzi standen, die früher einmal ihnen gehört hatten. Und so nahmen an manchen müßigen und verzauberten Nachmittagen, an denen ich mich in Basiliken und Laubengängen herumtrieb, die auf den Gemälden hingelagerten Frauen, jene schönen und anmutigen Frauen, das Gesicht von mir bekannten Mädchen an, die mir deshalb um so besser gefielen.«

12. Haß auf die Mächtigen: Siena
Von Colle Val d'Elsa nach Siena

In einem winzigen Ort abseits der Superstrada machen wir vor einer kleinen Trattoria halt und nehmen einen Espresso. Vor Siena gibt es genügend kleine Provinzorte mit einer Trattoria und einem kleinen Landgut wie jenem, in dem der 1883 in Siena geborene Federigo Tozzi aufwuchs. In seinen drei Romanen *Das Gehöft*, *Mit geschlossenen Augen* und *Drei Kreuze* verarbeitet Tozzi autobiographische Elemente – die leidvollen Erfahrungen mit seinem autoritären Vater – und beschreibt die Versuche des Jungen, sich diesem zu entziehen. Es sind Geschichten um unheldenhafte, gequälte, der Armut preisgegebene Jugendliche, in einem aussichtslosen Kampf gegen ihre rohe und verständnislose Umwelt. Doch durch ständige Kämpfe mit dem Vater ist der Junge selbst aggressiv und streitsüchtig geworden.

»Obwohl er schon früh den Beruf gewechselt hatte, war er Bauer geblieben und in der Lage, mit den Fäusten auf jemanden einzuschlagen, der kein Vertrauen in seine Ehrlichkeit zeigte. Und er meinte, Gott habe, um ihn zufriedenzustellen, gemeinsam mit ihm für seinen Erfolg gesorgt.«

Tozzis eindringliche Schilderungen des Lebens auf einem toskanischen Bauernhof machen deutlich, wie Mißtrauen, Gewalt und Furcht in der Abgeschlossenheit gedeihen können. Kindheit und Jugend dieses zu Lebzeiten unbeachtet gebliebenen Autors prägte der gewalttätige Vater, dem er nach dem Tod der Mutter schutzlos ausgeliefert war. Der Vater betrieb eine kleine Trattoria und bestellte ein nahes Landgut.

Tozzi mußte lernen, daß ein Mensch soviel wert ist wie ein anderer ... manche aber auch weniger. Doch nie verläßt ihn seine stille Sympathie für das Land, sein zärtliches Mit-

Landschaft bei Siena

gefühl. Seine Prosaskizzen widmen sich dem Leben in der ländlichen Toskana, deren Literatur er in Anthologien sammelte und edierte. Zudem interessierte er sich lebhaft für die mittelalterliche und spätere Tradition der Toskana und insbesondere Sienas.

In seinem Vorwort zur *Novelle* betont Alberto Moravia mit Nachdruck, »daß Tozzi, so körperhaft und unberechenbar er ist, dennoch zu den exaktesten und scharfsinnigsten Schilderern der italienischen Gesellschaft jener Zeit gehört«. Doch wenn er sich einmal verraten fühlte, blieb Tozzi unversöhnlich – hierin war er ein typischer Toskaner. Sein Sohn Glauco Tozzi hat im Florentiner Verlag Vallecchi eine sechsbändige Gesamtausgabe der Werke seines Vaters herausgebracht, der heute große Anerkennung erfährt.

Starke, schwere Worte findet er in den Briefen an seine Frau: »Ich hasse die Mächtigen, die Pfaffen und die Soldaten. Es ist ein unerbittlicher Haß, der erst mit mir enden wird.«

*

Wir verlassen die Trattoria und fahren auf der Superstrada Richtung Siena. Die Landschaft vor Siena ist von zarter Schönheit, die einsam in die Mitte der ausgedehnten Felder gesetzten Eichen; die verstreut auf den Hügeln liegenden Gehöfte; die leichten Nebel, die über die Zypressenalleen hinwegziehen. »Ins Land von Siena dringt man ein wie in Butter«, so Malaparte.

Wir nehmen die Ausfahrt und suchen einen Parkplatz vor den Toren der auf drei Hügeln errichteten Stadt, die seit 1956 – eine Entscheidung ihrer weitsichtigen Bürgerschaft – das Zentrum vom Autoverkehr freigehalten hat. Eine selbstbewußte junge Frau weist uns ein.

Historisch jünger als Florenz, liegt die Geschichte Sienas, das erst 751 nach Christus in einer Urkunde des Mittelalters zum ersten Mal erwähnt wird, im Dunkel. Seit dem 11. Jahrhundert erschütterten erbitterte Kämpfe zwischen Papst- und Kaisertum, zwischen den kaisertreuen Ghibellinen und den Papstanhängern, den Guelfen, die Handelsstadt, die versuchte, ihr Land zu erweitern, sich die Zölle zu ersparen und die Zufahrtswege zu sichern. Man führt Kriege gegen das rivalisierende Florenz, gegen Pisa und Perugia, neben privaten Kriegen zwischen den Bürgern, den Adeligen und dem Volk. Klassenkämpfe. Straßenkämpfe. Blutige Gemetzel um Verfassungsänderungen, Verbannung der Adeligen und der Handwerker, Ächtungen, Beschlagnahmen, Hinrichtungen, Aufstände, Belagerungen, Entvölkerungen – »an keinem Ort ist das Leben so unheilvoll gewesen!« schreibt Hippolyte Taine, und notiert, den mittelalterlichen Italiener habe man »bis zum letzten Tropfen zur Ader gelassen«.

So sieht er im gotischen Siena das »Pompej des Mittelalters. Türme, Vorsprünge, Paläste wie Bastionen, ein stabiles Rathaus, das Anstürmen trotzen mußte, Zinnen am Turm, die herrliche Piazza in Muschelform davon eingerahmt.« Doch verschüttet scheint uns die Stadt keineswegs, sie ist vital, jung und wohlhabend geblieben und repräsentiert sich uns eifrig und doch entspannt. Federigo Tozzi hat sie in *Bestie, Cose, Persone, Tiere, Dinge, Menschen* anschaulich beschrieben: »Glücklicherweise sind die Häuser nur zwei oder drei Stockwerke hoch; und die Leute in den Fenstern scheinen sich Mühe zu geben, das Gleichgewicht zu halten; damit nicht alle miteinander hinunter zu rutschen beginnen, auf die Porta Fontebranda zu, wo sie sicherlich nicht durchgingen, weil's so eng ist.«

Die Wegweiser in der gotischen Altstadt mit ihren schmalen, hohen Gassen führen uns zur Piazza del Campo, einem der schönsten Plätze Italiens, ansteigend wie ein antikes Theater, das den Blick auf den Palazzo Pubblico und die den Platz umrahmenden Palazzi freigibt, geformt wie eine Muschel. Um den Anblick in Ruhe zu genießen, setzen wir uns in eines der schönen Cafés. Es ist *sienesische Gentilezza*, die man nur hier antrifft, mit der uns die junge Dame bedient, mit grazilen Händen und leichten Schritten, gedämpfter Stimme und aufmerksamem Tonfall.

Nach einem Cappuccino gehen wir ins *Museo Civico* im Palazzo Comunale, und betrachten die vier Museumssäle mit ihren Gemälden. Ambrogio Lorenzettis Fresken aus den Jahren 1337-1339 in der Sala della Pace, dem Sitzungsaal der *Regierung der Neun*, von der »Guten und Schlechten Regierung« lassen uns verweilen. Bilder der Feste und des Alltags im gotischen Siena. Die Darstellung der »Auswirkung der Guten Regierung auf dem Land« ist ein großartiges Dokument der friedlichen Zeit vor dem Ausbruch der Pest. Gut bestellte Felder, Weingärten, Olivenbäume, terrakottafarbene Häuser vor den Mauern der Stadt.

Im Juli und August ist es auf dem Campo und den kleinen Straßen erst einmal mit der Ruhe vorbei. »Das abgerundete Polygon der Piazza del Campo prangt in allen nur irgend erdenklichen Farben, von den grellsten der Fahnen bis zu den blassen Ockertönen der Mauern, dazwischen die schwindelerregende Buntheit der Menge, die auf dem Platz zusammengedrängt im Rund der Sandbahn, wo das Rennen stattfinden wird, oder ringsum aus den Fenstern gelehnt wie der Anwalt, auf Balkonen, Tribünen und Mauervorsprüngen, ja selbst noch aus Dachluken und von Zinnen herab das prächtige Schauspiel bewundert: den historischen Zug, der gemessenen Schrittes vorrückt, verharrt und sich erneut in Bewegung setzt zu den Klängen eines endlos wiederholten Marsches.« So beschreiben Carlo Fruttero und Franco Lucentini die Piazza zu Beginn ihres gemeinsam verfaßten Romans *Der Palio der toten Reiter*, ein Kriminalroman um das historische Pferderennen, das jedes Jahr im August stattfindet. Siebzehn Contraden kämpfen gegeneinander in diesem Rennen, die einander hassen: Wölfin und Stachelschwein, Adler und Panther, Schnecke und Schildkröte, Giraffe und Raupe, Einhorn und Eule, Widder und Muschel. »Niemand weiß mehr genau, was diesen jahrhundertealten Gegnerschaften zugrunde liegt«, schreiben die Palio-Spezialisten, unklar, ob es sich um obskure Interessenkonflikte, uralte Übergriffe und Verletzungen oder Gebietsüberschreitungen oder Beleidigungen handelt: »Die Zeit hat die Karte des Hasses unter den Contraden für immer und ewig festgeschrieben«, und sobald das Los entschieden hat und feststeht, wer am Rennen teilnehmen darf und mit welchem Pferd, beginnt ein wildes Intrigenspiel voll Korruption und Bestechung.

Die Autoren pflegten den Sommer in der Pineta nahe bei Marina di Grosseto zu verbringen, um zu recherchieren, und schrieben dort auch *Das Geheimnis der Pineta*.

Mit ziemlichem Abstand betrachtet Umberto Eco den jährlichen Sieneser Rummel:

> »Diesen Sommer war ich in Siena und habe mir zum erstenmal den Palio angesehen. Das ist jenes große Spektakel, das mittlerweile fast jeder kennt, ich will mich hier nicht über seine Szenerie verbreiten, über seine Dramatik und über den Umstand, daß sein zentrales Ereignis, das Pferderennen auf der Piazza del Campo, Zielpunkt endloser Vorbereitungen, langgehegter Erwartungen und aufs höchste gesteigerter Spannung, nach kaum zwei Minuten wilden Galopps vorbei ist.«

Es gab keine toskanische Stadt, die nicht unabhängig sein wollte, und die trotzigste unter ihnen war sicher Siena. Kein Papst, kein König und kein Kaiser hätte den Willen dieser Stadt brechen können. Die Sienesen sind Menschen eigener Art und haben nichts mit den Römern oder Florentinern zu schaffen, denen sie die wilden Verfolgungen und nicht zuletzt den Tod der etruskischen Sprache nicht verzeihen. Das schafft ein besonderes Flair, und trotz seiner herrlichen Kirchen und Palazzi und wunderschönen Plätze wirkt Siena wie viele toskanische Städte »nicht wie eine große Stadt, sondern eher wie ein befestigtes Dorf«, wie die Schriftstellerin Iris Origo schrieb, »ein zu groß gewordenes castello.« Allerdings eines, an dem die Renaissance spurlos vorübergegangen ist. Siena ist gotisch geblieben, das gehört zu den in Italien möglichen Wundern, und verleiht der Stadt etwas märchenhaft Urbanes, aber auch Spartanisches, Dunkles mit ihren hohen Backstein-Palästen, den Rund- und Spitzbögen mit den Wappen dazwischen und den engen Gassen, die nie ein Sonnenstrahl erreicht.

Über die Via dei Pellegrini, die Piazza San Giovanni mit dem Palazzo del Magnifico gelangen wir zum gotischen Dom Santa Maria Assunta aus dem 13. Jahrhundert mit seiner beeindruckenden Marmorfassade des aus Pisa stammenden Giovanni Pisano. Hohe schlanke Statuen, der Boden und die Pfeiler aus Marmor schwarz und weiß, vergoldete Bogen und azurblaue Wölbungen, heiter und hochstürmend, in der Attitüde gewaltiger als der Dom von Florenz, und das sollte er auch sein, schließlich befehdeten sich das ghibellinische, kaisertreue Siena und das papststreue, guelfische Florenz seit 1114. Fast fällt es schwer, den Blick zu den Säulen zu erheben, so sehr zieht uns der prachtvolle Marmorfußboden, der »schönste und prächtigste Fußboden aller Zeiten«, so Vasari, an. Wertvolle Marmorintarsien, zum Teil aus Gründen der Schonung abgedeckt, die nur zu besonderen Anlässen gezeigt werden. Eine Bilderfolge der Weltgeschichte, im Jahr 1369 zum erstenmal dokumentiert, die Heidentum, Christentum und Judentum darstellt. Das Langhaus umfaßt Darstellungen des Heidentums, im Mittelschiff *Die Sienesische Wölfin*, der *Berg der Weisheit* und *Fortuna mit Füllhorn*. Angegliedert ist die *Libreria Piccolomini*, von Francesco Todeschini Piccolomini, dem späteren Papst Pius III. in Erinnerung an seinen Onkel Papst Pius II. Enea Silvio aus der sienesischen Familie Piccolomini, dessen Leben die Fresken Pinturicchios schildern, mit einer wertvollen Handschriftensammlung. Der Dom mit seinen Werken von Duccio, Donatello, Bernini, Pisano, Arnolfo di Cambio und Michelangelo ist an Kunstwerken eine der reichsten Kirchen der Christenheit. Für Taine verhält er sich »zu unseren Kathedralen (...) wie die Gedichte Dantes und Petrarcas zu den Liedern unserer Minnesänger«.

Siena, die Stadt der Madonnen, der *Madonna mit den großen Augen* im Dommuseum, der *Thronenden Madonna* Duccios im Dom und der *Thronenden Madonna* im Palazzo Pubblico, und nicht zuletzt thront die *Madonna de Provenzano* beim Palio über den Kämpfen der Contraden am 2. Juli und am 16. August. Kämpfe unter mütterlichem Schutz und Schirm, die bei den Männern kindliche Empfindungen ins Gedächtnis rufen.

In den kleinen Gassen um den Dom finden wir herrliche Stoff-, Wäsche- und Stickereiläden, Boutiquen und Cafés; wir trinken eine Schokolade im *Café Nannini* an der Piazza Matteotti, das der Familie der Rocksängerin Gianna Nannini gehört und wo es die besten Mandelplätzchen gibt.

Auf dem Rückweg kreuzen wir die Via Santa Caterina und besuchen die Casa di Santa Caterina, das Haus, in dem die heilige Caterina geboren wurde, zu einer Gedenkstätte umgewandelt. In der früheren Küche sehen wir noch Überreste des Herdes. Gemälde aus dem Leben Caterinas und des heiligen Bernhardin schmücken das Haus mit seinen Oratorien.

Curzio Malaparte spricht vom »gefühllosen, grausamen Geist«, der den Toskanern eigen sei und den man in den sienesischen Frauen anträfe, es wären gerade Sienas Frauen gewesen, scheu und grausam wie die Engel Duccios, die Siena und Montalcino zur Zeit Montlucs mit Waffen verteidigt hat-

Pferderennen auf der Piazza del Campo in Siena

ten. Eine solch ungewöhnliche Persönlichkeit war Caterina Benincasa, die heilige Katharina von Siena, 1347 als vorletztes Kind von fünfundzwanzig Kindern des Färbers Iacopo Benincasa geboren. Sie fiel schon in ihrer Kindheit durch ihre ungewöhnliche Frömmigkeit auf und trat mit sechzehn Jahren in den Laienorden der Mantellate Dominicane ein. Ihr Ruf als Helferin der Kranken und Aussätzigen erreichte die kirchliche Obrigkeit, aber ihre strengen ethischen Zielsetzungen und ihre Gedanken zur Kirchenreform alarmierten die Würdenträger, und man machte ihr in Florenz den Prozeß. Doch sie ließ nicht davon ab, sich in kirchliche und weltliche Angelegenheiten einzumengen, was beim Volk Bewunderung und Verehrung hervorrief. Ihr *Libro della divina dottrina*, 1377/78 in Form von Briefen an Freunde, Geistliche, Feldherren und Ratsherren verfaßt, offenbart jedoch eine gewisse Auffälligkeit: Trotz mystischer Gefühlstiefe und hochangesetzter ethisch-christlicher Gedanken nimmt sie die konkreten Probleme ihrer Mitmenschen nicht wahr.

Malaparte sieht in ihr eine Person von »moderner Gefühllosigkeit«, die es liebte, die Hände ins Blut der Verurteilten zu tauchen und den vom Henker abgehauenen Kopf in ihrem Schoß aufzufangen, »wegen des Lichtes, das sie verklärte, wenn sie heimkehrte, ganz blutbesudelt, (...) an den weißen Händen das Blut des Hingerichteten, das geronnene Blut Christi an ihren weißen Händen«. Ihn faszinierte an Katharina ihre grausige, exaltierte Sympathie für die Verbrecher, Mörder und Totschläger, ihre düstere Leidenschaft für grausame Delikte, und er vergleicht ihre Briefe mit dem Zynismus eines Stavrogin oder Kafka. »In manchen ihrer Briefe lebt die gleiche unwirkliche Erwartung Kafkas, begegnet man (...) derselben Beklemmung, derselben Angst, derselben Liebe zur Angst.«

Für ihn ist sie eine typische Repräsentantin Sienas, der alten Republik des Mittelalters, grausam und wohlerzogen, kriegsumtobt und kriegserfahren, »mit jener feinen Bildung der Sitten und des Herzens, die besonders beim Töten erforderlich ist«.

13. Mussolinis Krawatten: Curzio Malaparte
Von Siena nach Prato

Beinahe hätten auch wir Prato übersehen, wie die meisten Touristen. Alle fahren sie durch, mit dem Zug oder dem Auto, und kaum jemand steigt aus. Dabei gibt es hier einen wunderbaren Dom, mit weißgrüner Marmorfront und der Kanzel Michelozzos und Donatellos. Und den schönsten Glokkenturm, der für Giottos Glockenturm im nahen Florenz als Vorbild diente. Aus gehauenem Stein, fabelhaftem Prateser Stein. Außerdem ist dort die hellste, luftigste Piazza von ganz Italien, mit diesem frischen Wind aus dem Bisenzo-Tal. Hier erstreckten sich einst Gemüsebeete, Magnolien- und Lorbeergärten. Dahinter der zackige Spazzavento.

Es ist die Heimat von Curzio Malaparte, Schriftsteller und Journalist, 1898 mit dem Namen Kurt Suckert geboren, Sohn eines Textilfabrikanten aus Sachsen, der sich bei Prato niederließ und eine Florentinerin heiratete.

Malapartes Karriere begann früh. 1914 war er, bereits als Sechzehnjähriger, republikanisch gesonnener Garibaldi-Anhänger und Kriegsteilnehmer an der französischen Front und kämpfte gegen die Deutschen. 1915 nach Italien zurückgekehrt, schlug er sich auf die Seite der Intervenzionisti und wurde im Ersten Weltkrieg Mitglied der Alpenjäger, Attaché des italienischen Botschafters in Belgien und Polen. 1921 trat er der faschistischen Partei bei und wurde Sekretär des faschistischen Bürgermeisters von Florenz.

Er liebte seine Stadt und hat ihr in seinem Buch *Verdammte Toskaner* ein Denkmal gesetzt. Für ihn ist Prato die Stadt, in der alle Geschichte Italiens und Europas endet, in Lumpen und Fetzen. Denn in Prato, der Stadt der Stoffe, landeten die Lumpen aus aller Herren Länder, die Lumpenballen aus den Uniformen aller Heere der Welt kamen dort zum Vorschein, die Tücher der Uniformen von El Alamein, die Rothosen französischer Soldaten, die Umhänge der Frauen Kalkuttas, die Braunhemden der Nationalsozialisten, die Goldfräcke der Heiligen Allianz, die roten Tücher der Partisanen, die Ballkleider der Londoner High Society ... Alles endet in Prato, auch die Fahnen der Nationen, in einem Lumpenballen, aus dem in den Fabriken Neues entsteht, neue Tücher und Stoffe.

Malapartes journalistische Karriere begann mit der Leitung der politischen Wochenschrift *La Conquista dello Stato*, er trat als Verteidiger der entrechteten Massen auf, der ehemaligen Soldaten. In *Viva Caporetto!*, seinem ersten größeren Werk, setzt er den gegen ihre Vorgesetzten rebellierenden Soldaten ein Denkmal. Das Buch *Italia Barbara*, vom Antifaschisten Piero Gobetti herausgegeben, der ihn als »stärkste Feder des Faschismus« bezeichnet, erschien 1922: »Ich präsentiere meinem Publikum das Buch eines Feindes. (...) Ich habe geschworen niemals darauf zu verzichten, zu verstehen und neugierig zu sein.«

Der Band enthält politische und historische Reflexionen. Nach Malapartes These soll sich Italien auf seinen eigenen Weg besinnen. Er beruft sich in seinem Beitrag *Lob des guten Italieners* nicht auf Machiavelli, sondern auf dessen Freund Guicciardini: »Ein gar schreckliches Volk sind wir, wenn man dem glaubt, was die Historiker erzählen. Wenn es Guicciardini und seinen klugen Privatmann nicht gegeben hätte, könnte man also in Italien nicht in Frieden leben. Die Regionen, Städte, Vorstädte, Dörfer würden immer wieder von Revolutionen erschüttert; und das ordnungsliebende und feinschmeckerische Europa, das immer *du bon tabac dans la tabatière*, guten Tabak in seiner Tabakdose hat, würde mit Schrecken und Abscheu dem Schauspiel eines Italien beiwohnen, das von Märtyrern, Helden, Propheten heimgesucht würde

Die Kathedrale von Prato

und dem historischen Übel seiner unvermeidlichen Revolutionen ausgeliefert wäre.«

1929 setzt ihn der Unternehmer und Turiner Senator Giovanni Agnelli als Chefredakteur der Zeitung *La Stampa* ein. Seine Artikel wie auch sein Band *Intelligenzia di Lenin* werden von Mussolini wegen ihrer prosowjetischen Einstellung gerügt. Malaparte steht in kritischer Distanz zur Regierung Mussolinis, dessen Krawatten ihn aufbringen. Erste Anzeichen für Unannehmlichkeiten ließen sich erkennen, als er sich über Mussolinis Krawattengeschmack lustig machte. Der Duce bestellte ihn zu sich in sein Amtszimmer im Palazzo Venezia, damit er sich entschuldige. Als Malaparte nach der Unterredung über den kalten Marmorboden schritt, drehte er sich um und sagte: Lassen Sie mich ein letztes Wort zu meiner Verteidigung sagen. Nur zu! sagte Mussolini und hob die Augen.

Sogar heute tragen Sie eine schreckliche Krawatte.

So erzählt Bruce Chatwin.

Als Verfechter des sogenannten integralen Faschismus verläßt er 1931 die faschistische Partei. Er geht nach Paris, lebt in London und Schottland – Malaparte beherrschte vier Sprachen: Deutsch, Italienisch, Französisch und Englisch. 1933 wurde er infolge einer politischen Auseinandersetzung mit dem italienischen Außenminister und Sportflieger Italo Balbo wegen antifaschistischer Betätigung im Ausland angeklagt, vor Gericht gestellt, zusammengeschlagen, ins Gefängnis Regina Coeli gesteckt und auf die Insel Lipari verbannt: »Zuviel Meer, zuviel Himmel für eine so kleine Insel und einen rastlosen Geist.« Schließlich wurde er nach Ischia versetzt und in Forte dei Marmi unter Hausarrest gestellt, allerdings mit Alfa Romeo und Chauffeur.

Zwei Jahre vor Hitlers Machtergreifung gab ihm dessen Persönlichkeit den Anstoß zu einer Reflexion über das Weibliche in der Politik. Mit Sarkasmus wendet er seine Kunst an, um uns eine bissige, funkelnde Charakterisierung Hitlers zu liefern: »Dieser feiste und hochmütige Österreicher mit harten und mißtrauischen Augen ... mit zähen Ambitionen und zynischen Plänen mag eine gewisse Vorliebe für die Herren des alten Roms haben ... Sein idealer Held ist ein Cäsar in Tirolertracht ... Diktatur ist die vollendetste Form der Eifersucht in ihren politischen, moralischen und verstandesmäßigen Aspekten ... Hitler ist der Diktator, die Frau, die Deutschland verdient.« So schrieb er in dem Artikel *Hitler: Une femme*, dem letzten Kapitel seines 1931 in Paris erschienenen Buches *Technique du coup d'Etat*.

Der Dichter Umberto Saba hat in einem Brief an seine Frau Linuccia eine sensible Deutung der Persönlichkeit Malapartes gegeben, die sein Dilemma deutlich macht:

»Da ich gemischtrassischer Abstammung bin, besaß ich weder einen Ausweis noch anderes erforderliches Zubehör, das zu meinen Gunsten hätte sprechen können; nichts, nicht einmal das notwendige Schmiergeld. Falqui (ein Freund) freute sich, mich zu sehen, und sagte mir, der Mensch, der mir in meinem Fall am besten nützen könne, sei Malaparte. Ich erwiderte, daß ich ihn nicht kenne. Sofort eilte Falqui zum Telephon und rief seinen Freund an. (...)

Es empfing mich ein Mann, der gewiß noch sehr jung war, mir aber geradezu wie ein Halbwüchsiger vorkam. Außerdem war er schön; ich staunte nur ein wenig über die Form seiner Stirn. Ich weiß noch, daß zu seinen Füßen ein wunderschöner Schäferhund mit hellem Fell lag, der ihm in die Verbannung gefolgt war und den sein Herr nun von Zeit zu Zeit streichelte.

Malaparte war bereits über die Lage unterrichtet und sagte mir, daß man die Sache vielleicht regeln könne, nur müsse ich mich taufen lassen. (...) Ich sagte ihm ganz offen, daß das für mich nicht in Frage komme; nicht aus Treue gegenüber dem jüdischen Glauben meiner Mutter, sondern weil es mir als Sakrileg erschienen wäre, eine religiöse Handlung aufgrund äußerer Zwänge auszuführen.

Curzio sah mich zunächst so an, wie ein Erwachsener ein lebensunerfahrenes Kind ansieht; dann hörte er mir mit einem Ernst zu, der mir damals bei ihm geradezu übertrieben vorkam.« Saba bemerkte Malapartes Erpichtsein auf den Erfolg, »den möglichst großen, schnellen, umfassenden Erfolg« und seinen Mut. Später, als Malaparte ihn abends in eine Wirtschaft einlud, machte jener über das Regime »derart böse Bemerkungen, wie ich sie nicht einmal aus dem Mund des rabiatesten Antifaschisten je gehört hatte«. Saba führte diese Haltung auf eine Art Unredlichkeit zurück: »Um jedoch ein Leben – und ich betone: ein ganzes Leben – zu verbringen, währenddessen man das eine denkt und etwas ganz anderes schreibt (und bei alldem stets ›an der Oberfläche‹ bleibt), bedarf es außer einer wirklich ungewöhnlichen (geradezu verblüffenden) Intelligenz, auch einer Kohärenz, einer ständigen Selbstbeherrschung und eines Mutes, die ebenso ungewöhnlich sind, wenn nicht noch ungewöhnlicher. (Ich wage zu behaupten, auch eines ›moralischen Ernstes‹, der sich freilich nur auf die eigenen Interessen konzentriert.) Und das war vielleicht, zumindest zum Teil, das ›Genie‹, die ›Trumpf-karte‹ von Curzio Malaparte.«

Nach Zusammenbruch des faschistischen Regimes sucht Malaparte um Aufnahme in die Kommunistische Partei an, die ihn, trotz seiner Bekanntschaft mit Togliatti, ablehnt. Also kandidiert er in seiner Heimatstadt für die Republikaner. Noch an seinem Totenbett kommt es zum Kampf zwischen Vertretern von Kirche und Partei, der mit einem obskuren Bekenntnis Malapartes endet. Er stirbt als Mitglied der PCI, soll aber noch rasch zum Katholizismus übergetreten sein.

Der Schriftsteller Eugenio Montale warf ihm politischen Opportunismus vor, weshalb man ihn mit dem Spitznamen »Chamäleon« – nach seinem Roman *Don Calameo* – bedachte. Er hatte immer eine vehemente Lust am Skandal, bis zuletzt.

Als ihm ein deutscher »Pseudoschriftsteller«, wie er schrieb, vorhielt, den Faschismus verraten zu haben, schrieb er in *Kaputt* einen *Brief an deutsche Leser*:

»Ich habe niemals jemanden verraten, nicht einmal den Faschismus. Ich gehöre nicht zu jenen Italienern, die am 26. Juli 1943 zu Antifascisten wurden, wenige Stunden nach Mussolinis Verhaftung. Wenn ich im Juli 1943 Faschist gewesen wäre, dann hätte ich Mussolini verteidigt: dann hätte ich ihn im April 1945 nicht abschlachten lassen wie einen Hund, ohne zu versuchen, ihn zu verteidigen. Doch ich habe gegen den Faschismus im Januar 1931 rebelliert, als Mussolini auf dem Gipfel seiner Macht stand.«

Fünf Jahre Verbannung auf der Insel Lipari waren die Folge.

Malaparte verfocht die Meinung, daß es die Aufgabe des

Schriftstellers sei, auszusprechen, was sein Volk nicht wisse oder nicht ausdrücken könne, und betrachtete den Schriftsteller als Bekenner seiner Zeit und seiner Nation.

Sein Haus auf Capri, ein spektakulärer Bau, hinter dem Bruce Chatwin ein gestrandetes homerisches Schiff oder einen dem Poseidon geweihten Altar vermutet, nannte er *casa come me*: »Ein Bildnis in Stein … An dem Tag, an dem ich begann, ein Haus zu bauen, hatte ich nicht gedacht, daß ich ein Porträt von mir selbst entwerfen würde …« Er vermachte es später testamentarisch den Künstlern der Volksrepublik China.

Eine Tendenz zur Selbstinszenierung warf man ihm nicht zu Unrecht vor; seine Erzählungen heißen: *Ein Tag wie ich*; *Ein Land wie ich*; *Eine Stadt wie ich*; *Eine Frau wie ich*; *Ein Heiliger wie ich*. Selbst Antonio Gramsci, der Mitbegründer der Kommunistischen Partei Italiens, kritisierte seinen *arrivismo*, die maßlose Eitelkeit und sagte, um Erfolg zu haben, würde er jede Schandtat begehen. Heute sieht man in ihm einen Vorläufer der Moderne, der Fiktion und Dokumentation geschickt vermischte.

Malaparte – Auslandskorrespondent verschiedener Zeitungen und Kriegsberichterstatter in Frankreich, Griechenland, Jugoslawien, Rumänien, an der russischen und finnischen Front und 1944 Verbindungsoffizier für die amerikanischen Alliierten – war zweifellos einer der bestinformierten Personen seiner Zeit. Und einer der gebildetsten und belesensten, nicht zuletzt widersprüchlichsten.

Er beteiligte sich am Marsch auf Rom. Seine nur locker zusammengefügte Prosareportage *Kaputt*, die 1944 erschien, schrieb Malaparte in der Ukraine, in Polen, Finnland und Capri. Nüchtern erzählt er von seinen Erlebnissen an den einzelnen Frontabschnitten des Zweiten Weltkriegs, von der Erschöpfung der Soldaten, der Massakrierung der Zivilbevölkerung, von der Zwangsprostituierung rumänischer Mädchen und der Verfolgung der Juden. Aber auch von seinen Begegnungen mit Nazigrößen im besetzten Europa. In *Die Haut* (1949) berichtet er von abstoßenden und obszönen Vorfällen am Ende des Krieges.

Seine Betrachtung über Deutschland in der Nachkriegszeit ist lesenswert. Er schrieb, das deutsche Volk hätte sich verändert: Wer sich eine Meinung von den Deutschen zur Zeit Hitlers gebildet habe, würde seinen Augen nicht trauen. Das war im Jahr 1953.

Optimistisch kehrt er aus Schweden zurück, und wird dreimal wegen verschiedener Anklagen inhaftiert. Es sind kurze Gefängnisaufenthalte, doch Malaparte knüpft hilfreiche Kontakte, etwa zu Benedetto Croce oder zur amerikanischen Armee. Schließlich begleitet er die Alliierten 1944 beim Befreiungsmarsch nach Norditalien, mit dem Ergebnis, daß er zumindest einige Monate Resistenza-Erfahrung bescheinigen kann.

Vom Einzug der Amerikaner berichtet er in seinem Buch *Verdammte Toskaner*. Er erzählt, wie sie an jenem Augustmorgen des Jahres 1944 den Arno überschritten, vom Ponte Vecchio her Por Santa Maria erreichten und von der Piazza della Signoria in die Via dei Calzaiuoli einbogen: »An jeder Kreuzung standen aufrecht in der Via dei Calzaiuoli die städtischen Verkehrsschutzmänner, mit der roten Metallilie am Rockkragen und in weißen Handschuhen, und regelten den Verkehr; unter Verkehr hat man den Einzug der alliierten Heere zu verstehen.« Es war Sommer, es war heiß, und diese Polizisten in ihrer untadeligen und wärmenden Uniform erregten das Erstaunen der Engländer nicht minder als die zerlumpten und verhungerten Menschen am Straßenrand, Menschen »in einer bleichen, durch die lange Belagerung ausgezehrten Stadt«.

14. Schweigen aus Luft: Der Monte Amiata
Von Siena zum Monte Amiata

Von Siena aus nehmen wir die Schnellstraße Richtung Viterbo und biegen nach San Salvatore ab. Wir folgen den Serpentinen zum Monte Amiata, dem höchsten Berg der Toskana, von der Ferne sichtbar als zarter blauer Schatten, immerhin 1738 Meter hoch, ein erloschener Vulkan mit Tuffsteinfelsen und herben Bergdörfern. Wir fahren durch den kleinen Wallfahrtsort San Salvatore mit unzähligen Devotionalien und an einen Baum gehefteten Bitt- und Dankesschriften. Hier spielt die Geschichte Boccaccios aus dem *Decamerone* vom hochherzigen Räuber Ghino di Tacco, der den steinreichen magenkranken Abt von Cluny überfiel und ausraubte, als er zu einer Badekur fuhr. Ghino schleppte ihn auf die Burg von Radicofani, heilte den Abt von seinen Leiden durch eine Radikalkur mit Vin Santo und geröstetem Brot und gab ihm die geraubten Güter zurück.

Ein »hoher Kegel, dicht bestanden mit Buchen und ganz unten mit Kastanien, läuft aus in sanften und steil gekrümmten Abhängen, die in ihrer Bewegung Mulden und enge, tiefe kleine Täler formen, wo sich bei Wasserreichtum dichte, frisch sprießende Pflanzungen einschleichen, oder, bei Trockenheit, Weinstöcke und Olivenhaine gedeihen ...« Zeilen aus Mario Luzis Schilderung des Monte Amiata.

Luzi wurde 1914 in Castello bei Florenz geboren. Sein Studium der französischen Literatur schloß er mit einer Arbeit über François Mauriac ab und stand in lebhaftem Austausch mit den Intellektuellen der Stadt Florenz, mit Pratolini, Bilenchi, Bo und Betocchi. Betrachtungen über die Toskana der Nachkriegszeit, die nach Krieg und Massenmorden eine Landschaft der Trauer geworden ist, in der auch Elend,

Hunger und Gewalt zu Hause sind, ziehen sich durch sein Werk.

Vielleicht liebte er die Gegend um den Monte Amiata, weil in ihr etwas Widersprüchliches liegt, die Erde von Tal und Berg, alte Bäume, schwer und dunkel, und junge, glatt und silbrig, Licht und Schatten.

welch ein frieden dort wo du nicht warst der himmel
sammelte für die brennenden bäume
die weißen opfergaben der straßen ein gesicht
schimmerte im dunkel der quellen
krumen des honig-lichts
beschwichtigten die angst der wanderer
und die schönheit zerstob
verschwand zerrissen zwischen beleuchteten
wegen einem schweigen aus luft

Die Abtei von San Galgano

15. Ort der Ruhe und der Einkehr: San Galgano
Vom Monte Amiata nach San Galgano

Rundum erstrecken sich Felder und frisch gemähte Wiesen, Heugeruch zieht ein, der süße Schafduft, der herbe von Rosmarin und Schafgarbe. Die gespeicherte Sonne kommt von den Kirchenmauern zurück, vor den leeren Fensteröffnungen biegen sich die messerscharfen Zypressen im Wind.

San Galgano liegt nicht weit von Siena entfernt, umgeben vom reichen Landbesitz der Zisterzienser, ihre einzige Neugründung in der Toskana aus dem 13. Jahrhundert. Der Gründer, Galgano Guidotti, der ein Wunder an Schönheit, Begabung und Leichtsinn gewesen sein soll, hatte sich, von Sinnfragen gequält und vom heiligen Michael geführt, als Eremit in einer Laubhütte auf dem Montesiepi zurückgezogen, wo später die Klosteranlagen entstanden.

Wenn auch nur als Ruine erhalten – oder gerade deshalb –, ist San Galgano besonders eindrucksvoll. Es ist die hohe Einfachheit dieser an die burgundische Bauweise in Kreuzform angelehnten Kirche, die leicht, rein und schwerelos erscheint. Dreischiffig, mit hohen spitzbogigen Fenstern, aus Travertin und Ziegelsteinen gebaut, ist sie mit ihren, in der Toskana zum ersten Mal verwendeten, gotischen Gliederungen eine Seltenheit. Nach 1500 stürzten die Gewölbe und der Glockenturm ein, der Kapitelsaal, das Skriptorium und Teile des rekonstruierten Kreuzgangs sind noch erhalten.

Die Fenster führen ins Freie, sie hat kein Dach, was niemand vermißt, wenn wir darüber den Himmel betrachten, denn der gewölbte, unbeschwert blaue Himmel ist das schönste und erlesenste Dach und spannt sich wie ein Triumphbogen, und die kleinen Heiligen Geister, die weißen Tauben, die mit den Flügeln schlagen, flattern von Fenster zu Fenster und fliegen himmelwärts. »Der Himmel flimmert, Hyazinth ergießt sich / zwischen den dunklen Mauern« – eine Zeile Mario Luzis aus seinem *Quaderno gotico*.

Ein paar Schritte weiter den Hügel hinauf liegt das Oratorio di San Galgano sul Montesiepi, einer der wenigen Rundbauten hier aus Ziegel und Stein. In den Boden gerammt das Schwert, das an Galganos Schwert erinnern soll, das er seinerzeit, um der Welt und ihren Kämpfen zu entsagen, in einen Felsblock stieß, aus dem es nicht mehr gelöst werden konnte.

Es spricht für den gesunden Menschenverstand der Mönche, daß sie auf einem Holztisch Selbstgemachtes anbieten: Honig, Olivenöl, Kräutermischungen, Pesto und Marmeladen, aber auch Cremes und Seifen.

Hier in Augusttagen und heißen Sommernächten ein Konzert oder eine Oper zu hören schärft nicht nur den Sinn für architektonische und musikalische Proportionen, sondern auch für freie Räume, vom Geruchserlebnis ganz abgesehen.

Dann sitzen wir, fächernd, die Ärmel hochgestülpt, verschwitzt, doch fein gekleidet, wohlerzogen drei Stunden lang auf harten Stühlen, lauschen *La Traviata*, und zur Musik schaben die Zikaden.

16. Aufgespießte Köpfe im Paradies: Seggiano
Von San Galgano nach Seggiano

Unsere Reise führt uns nach Seggiano und in ein kleines Dorf
mit dem bezaubernden Namen Paradiso. Uns erwartet Daniel Spoerris Skulpturenpark, den er bei einer ehemaligen Öl-
mühle errichtet hat und dessen entferntes Vorbild der Parco
dei Mostri von Bomarzo ist.

Seit den sechziger Jahren ist Spoerri durch sein *Eat-Art-
Experiment* ein Begriff, als er nach einem Mahl mit Jean
Tinguely und Robert Filliou kurzerhand die Teller mit den Es-
sensresten, die Gläser und Aschenbecher samt Tischschmuck,
Servietten und Besteck auf dem Tisch fixierte und dies zur
Kunst erklärte. Der 1930 in Rumänien geborenen Spoerri,
dessen jüdischer Vater im Konzentrationslager ermordet wurde, lebt zu einem großen Teil in der Toskana. Der philosophische Interpret seiner Lebenserfahrung hat mit diesem Park
einen meditativen Ort geschaffen, in dem die antiken Heroen
ebenso zu spuken scheinen wie die Geister der Moderne, wobei es ihm gelungen ist, Natur und Kunst aufs innigste zu
verschmelzen. Sein Sinn für das Komische und Absurde, sein
Gespür für Proportion und Maß, sein scharfer Blick auf Objekte haben ihn diesen Winkel bei Paradiso tatsächlich zum
Paradies für Grübler, Kunstsinnige, Ästheten und Sinnsucher
machen lassen. Ein unverwechselbarer Park, der die Grenzen zwischen Kunst und Leben aufzuheben scheint.

Spoerri, einem vielseitig begabten Künstler, der auch des
Wortes mächtig ist, war die Toskana zunächst ein Greuel »wegen der Weltflüchtigen, Stadtflüchtigen, Zeitflüchtigen, die
meinen, hier eine Zuflucht vor allen Problemen gefunden zu
haben«. Als er noch in Paris lebte, wußte er »nichts über Pflanzen, nichts über das Wachsen, nichts von Blumen und Grä-

sern«. Er war nicht prädestiniert, hier zu sein, und der Platz ist ihm zugefallen. »Was überhaupt den Ausschlag gab, in die Toskana zu fahren, war ein schiefes Haus, das angeblich allmählich einen Abhang hinunterrutschte. Diese Vorstellung gefiel mir.« Das stimmte dann zwar nicht ganz, nicht das Haus, sondern der Hang, an dem es stand, war schief.

Und so wurde alles ganz anders. Nicht nur, daß Spoerri heute weiß, was Olivenbäume sind und warum er Pflanzen inzwischen so interessiert betrachtet wie die Kunst im Museum, er begann die Inszenierung eines Werkes in der Landschaft spannend zu finden. Dabei ging es ihm keineswegs um eine kulturelle Institution oder eine private Art von Kunstsammlung – er wollte Natur und Kunst zu einem organischen Ganzen zusammenfügen.

Über die Gründe kann er heute nur spekulieren. »Ich habe schon immer intuitiv gelebt, oder besser gesagt, ich habe Dinge getan obwohl ich etwas anderes sagte oder meinte. Außerdem habe ich gelernt, daß die Natur im Gegensatz zu uns immer wieder stirbt und neu auflebt, und das macht einen doch eifersüchtig! ... Daß in diesem strotzenden Leben auch der Tod präsent ist, macht das Leben ja erst aus; c'est la vie ...«

Eine siebzehn Hektar große Wald- und Hügellandschaft breitet sich vor uns aus, ein weites, übersichtliches Gelände mit sanft geschwungenen Feldern – ein Land des Ausgleichs, mit kleinen Ebenen und maßvoll geformten Hügeln, deren Wellenbewegungen an das Meer erinnern. Sie hat der ehemalige Tänzer mit mehr als sechzig Werken von Künstlern aus aller Herren Länder bestückt, keineswegs überdimensionale Kunstwerke, sondern solche, die er in Einvernehmen mit der Natur dasein läßt, in der besonderen Perspektive der Toskaner. Die Objekte streben auseinander oder zueinander, überschneiden sich und scheinen doch miteinander zu kommunizieren.

Ruhe breitet sich aus, ein Vogel sitzt auf dem Kopf einer Skulptur, an den Bäumen reifen große Birnen. Wir geben uns den Eindrücken hin. Hier versammelt Spoerri, das Wort Kulturlandschaft wörtlich nehmend, alle Objekte, die er über zwanzig Jahre lang ausgewählt hat, und gibt ihnen einen Rahmen, den sie in keiner Ausstellung haben können, inszeniert sie wie ein experimentelles Theater, das mit Meret Oppenheims *Fontaine d'Hermès*, einer Skulptur aus Bronze, Stein und Basalt am Eingang des Gartens beginnt.

Den Weg allerdings muß jeder allein finden. Man spaziert durch eine Allee, in der zwischen Zypressen auf hohen Sockeln sämtliche Köpfe von Eva Aeppli, *Astrologische Aspekte*, im Dunkel schweben, eine Allee, die geradewegs zu drei weiteren Figurengruppen der Künstlerin führt. Köpfe, aus Seide genäht, mit sichtbaren Nähten – von kleinen Puppen bis zu Ganzkörperfiguren werden wir Zeugen eines künstlerischen Prozesses, einer Auseinandersetzung mit der Astrologie. Was für Gesichter! Schiefe Nasen, versetzt stehende Augen unter langen Lidern, verzweifelte, mokante Münder, herabgezogene Mundwinkel, leises Lächeln, stumme Schreie, Klagen, Verklärung, Nachdenklichkeit.

Jedesmal stellt sich uns der Park anders dar, mal unheimlich, mal heiter. Mal ist es Esther Seidels Bronzefigur *Der Besucher*, die auf einem Aussichtsturm steht und von dort aus in aller Ewigkeit das steinerne Labyrinth betrachtet, in kontemplativer, entspannter Haltung, vor der man stehenbleibt. Dann wieder ist es ein großer Stein, ein Travertin, *Agathe Tyche*, der Stein des guten Glücks. Die Schöpfung Johann Wolfgang Goethes, am 5. März 1777 entstanden. Spoerri hat ihn genau 222 Jahre später rekonstruiert und sieht darin das Werk eines verkappten Brancusi, eine prophetische Vorwegnahme der Moderne.

Eine riesige gelbe Plastikpille mit roter Nase, Juliane Kühns *Plattgedrückter Gartenzwerg*, aus einem Efeugrab wachsen steinerne Hände, ein Arrangement von Totenschädeln in einem Regal. Schließlich erreichen wir Daniel Spoerris *Backofen*, wie ein Trulli geformt, aus Stein und Bronze, aus dem fünf Schneiderpuppen, deren Köpfe kleine rauchende Schornsteine sind, ragen, betitelt »Mir raucht der Kopf«.

Das bringt uns auf die Idee, die Küche im kleinen Restaurant zu kosten, die neben dem Landhaus und den Ateliers im Garten mit Spoerris ausgewählten und phantasievollen Speisen lockt.

17. Gregorianische Choräle in Sant' Antimo

Von San Galgano nach Sant'Antimo

Goldgelb leuchtet der Travertin auf der mit gelben und lila Blumen besternten Wiese, dahinter die Schräge eines dunklen Waldes, der die Abtei als Silhouette herausarbeitet. Gregorianischer Gesang schwebt über die weinbepflanzten Felder von Montalcino, bricht sich an den hohen Mauern des schlanken Kirchenschiffs, sanft rot leuchtet das Ziegeldach. Zart schimmern rosafarbene Blüten von Steingewächsen zwischen den Quadern des senkrecht aufragenden, vom Bau isolierten Campanile, mit dem eine hochwachsende Zypresse gleichzuziehen sucht: So präsentiert sich die nach dem heiligen Antimus benannte, eindrucksvolle Abtei, die zum Schönsten gehört, das uns die Toskana anbietet.

Hier soll Karl der Große 781 mit seinem Hofstaat und Heer auf dem Rückweg von Rom vorbeigekommen sein, viele seiner Soldaten waren an der Pest erkrankt. Der Kaiser legte ein Gelübde ab, hier eine Abtei zu gründen, falls seine Soldaten gerettet würden, und tatsächlich, ein Kraut, zerrieben und mit Wein vermengt, heilte sie und Sant'Antimo entstand, das sechshundert Jahre später Katharina von Siena besuchte. Raimondo di Capua hat uns darüber berichtet:

»Ich habe manchesmal tausend und mehr Menschen gesehen, wie sie, gleichsam von einer unsichtbaren Posaune gerufen, zusammenkamen von den Bergen und anderen Landstrichen des Seneser Gebietes, um Katharina zu sehen und ihre Stimme zu hören. Und sobald sie sie gehört und gesehen hatten, habe ich sie weinen gesehen, von Gewissensbissen gequält, und Tränen vergießen über ihre eigenen Sünden. (...) Sie bekannten ihre Schuld in so gro-

Die Abbazia von Sant'Antimo

ßem Schmerz, daß niemand daran Zweifel hegen konnte, daß in ihre Herzen ein Gnadenregen vom Himmel gefallen war.«

Vor über zwanzig Jahren fand ein junger Pater aus der Normandie dieses Kloster, dem Verfall preisgegeben und herrenlos, als er einen Ort für die klösterliche Gemeinschaft der Prämonstratenser suchte. Er ließ sich hier, vom Bischof abgesegnet, nieder.

Typisch für die toskanische Bauweise ist dieses vor 1118 begonnene Gotteshaus mit seiner Emporenbasilika, seinem französischen Chorumgang und dem Gewölbe ohne Querschiff keineswegs. Das nach oben Weisende des Baus, umgeben vom Silber herrlicher uralter Olivenbäume, die Geschlossenheit der Außenflächen und die klar abgesetzten Fenster und Bögen verraten subtiles italienisches Formgefühl.

Die Kapitelle mit Tierköpfen, Pflanzenmotiven, das Kapi-

tell »Daniel in der Löwengrube« im Innenraum sind beste-
chend genau ausgeführt und stammen vermutlich aus französischer Hand und werden dem Meister von Cabestany zu-
geschrieben.

Mild das Licht im Inneren der Kirche, das die Säulen
aus Travertin, Marmor und Alabaster zum Leuchten bringt.
Antonio Tabucchi schreibt in seinem Roman *Es wird immer später*, diese Kirche fasziniere »einerseits, weil sie so
karg und schmucklos ist, andererseits, weil die Apsis aussieht,
als hätte man eine Orangenschale an ein Spielzeugschiff ge-
klebt«.

Ein Ort der Philosophie, an dem sich Dantes Weisheits-
lehrer mit toskanischer *gentilezza* über den Glanz der Wahrheit zu unterhalten scheinen, wie im 10. Gesang des Paradieses:

Dann, wie ein Uhrwerk, das die Stunde kündet,
da Gottes Braut am Morgen sich erhoben,
den Bräutigam zur Liebe aufzurufen;

da alle Teile darin ziehn und treiben,
tin tin erklingt mit also süßem Tone,
daß der bereite Geist aufwallt in Liebe;

so sah ich dort den ruhmesvollen Reigen
sich drehn und Stimm auf Stimme Antwort geben
mit solcher Süße, daß sie nur dort oben

bekannt ist, wo die Freude ewig währet.

Eine kleine Schar hoher Gestalten, junge Männer in lose fal-
lenden weißen Gewändern, gebrochenes Weiß wie der Travertin, mit schlanken Köpfen und sehr kurz geschnittenem
Haar, studierte Theologen oder Wissenschaftler, halten die

Messe ab und singen Gregorianische Choräle. Die Mönche wohnen in einem kleinen Anwesen nahe der Abtei, in Form eines Bauernhauses erbaut, das niemand sonst betreten darf. Wir sehen sie zwischen den Olivenbäumen spazieren, unter einem blauen Sonnenschirm, silbrige, durchsichtige Gestalten, und der Wind bläht ihre Gewänder wie Flügel, als höben sie gleich ab zu den Wolken.

18. Königliches Bad: Petriolo
Von Sant'Antimo nach Petriolo bei Macerata

Es gibt in der Toskana feuchte, kühle Tage, an denen heiße Quellen locken, von denen es hier nicht wenige gibt. Petriolo in der Nähe von Siena ist ein Bad, das bereits die de'Medici frequentierten und das Lorenzo de'Medici und sein Vater Piero wiederholt aufsuchten: »Als wir mit der Wasserkur begannen, wurde Lorenzo gleich zum Herrn des Bades gemacht; hier befanden sich eine Menge ehrenwerter Männer und viele andere Leute, ... alles fröhliche Genossen. Außer baden tut man hier nichts anderes als tanzen, singen und musizieren, und Lorenzo spielt seine Rolle gut ...«, schreibt Piero über seinen sechsjährigen Sohn Lorenzo, 1449 geboren. Früh genoß er die vergnüglichen Seiten des Lebens und liebte die Geselligkeit. Denn die würdigen Herrscher von Florenz, diese »leicht irren Großherzöge«, wie Malaparte schreibt, pflegten des Nachts nicht zu schlafen, »um an den Schabernack zu denken, mit dem sie am nächsten Tage ihre teuren Untertanen vergnügen wollten«.

Die Thermen von Petriolo nahe dem Gut Filetta im Merse-Tal, nicht weit von Macerata entfernt, gehörten der Republik Siena, und neben den illustren de'Medici, die, allesamt von Gicht geplagt, hier ihre Leiden pflegten, traf sich die *Haute volée*, um die vielfältigen Freuden des Badelebens auszukosten, von einer Mauer umgeben, die vor Überfällen schützen sollten.

Daß Lorenzo ein großer Musikfreund und Liebhaber der Künste war, beschreibt sein erster Biograph Niccolò Valori. Sein Vater Piero und sein Onkel Giovanni ließen Gedichte bekannter Dichter oder eigene Schöpfungen vertonen, und auch Lorenzos literarische Anfänge reichen in die sechziger

Val d'Orcia

Jahre zurück. Von seinem Lehrer Gentile Becchi in die lateinische und volkssprachliche Literatur, vor allem in Dantes Werk eingeführt, hörte Lorenzo später Vorlesungen über Poetik und Eloquenz, war ein hervorragender Tänzer, spielte mehrere Instrumente, am liebsten Viola und Laute, wobei er dazu sang, und nahm seine Musikinstrumente auf seinen Reisen mit. Angelo Poliziano, der Lorenzo auf einer seiner Reisen nach Pisa begleitete, schildert, wie man den ganzen Tag über sang, hie und da pflichtschuldigst – es war Fastenzeit – ein paar Alibi-Proben aus den Schriften des Augustinus vorlas, um dann um so hingegebener zu musizieren. Es handelte sich keinesfalls um religiöse Lieder, denn gleich darauf begann der Tanz, ein wichtiger Teil jeder Geselligkeit und nicht zuletzt ein Mittel, um erotische Beziehungen anzuknüpfen.

Doch nicht ohne Grund notierte Machiavelli in seinen *Storie Fiorentine*, daß in Lorenzos Brust »in fast unmöglicher Weise« zwei Seelen wohnten, Kunst und Politik, unvereinbare Bereiche. Literatur und Musik dienten ihm als Fluchtmöglichkeit vor den Geschäften der Politik, die er als lästig, aber notwendig ansah. Er förderte die humanistische Kultur nicht nur, um sein Prestige zu erhöhen, sondern auch, um die Gelehrten, Schriftsteller und Künstler in einer gewissen Abhängigkeit zu wissen und damit aus der Politik herauszuhalten.

Lorenzo schrieb selbst. Seine Stärke waren Parodien, etwa auf die Jagd, Säufergedichte, in denen er sich bekanne Florentiner Persönlichkeiten vornahm. Passagen aus der *Commedia* wurden von ihm persifliert, wobei aus dem Aufstieg ins Paradies der Abstieg in die Kneipe wird und Lorenzo ein erstaunliches Wissen über das Gesicht des kleinen Volkes offenbart. Aber auch philosophische Gedichte, Reime, Balladen, Sonette verfaßte Lorenzo, Gedichte über den Sinn des Lebens und die Suche nach Glück, wobei es ihm gelang, vorhandene Themen auszureizen und zu neuen Ausdrucksformen umzuschmelzen. Zwar stärkte er mit seinem künstlerischen Engagement die Macht der Florentiner Bankiersfamilie der de'Medici, doch in der Opposition gärte und rumorte es, bis schließlich die blutige Verschwörung der *Pazzi* Lorenzo und sein Land in eine schwere Krise stürzte.

Als würdiger Herrscher über Florenz, als *der Prächtige*, ging er in die Geschichtsbücher ein, doch meint dieses Beiwort eher seine Kunst und seine Feste, den Reichtum und Luxus, weniger seine Gestalt. Lorenzo war keineswegs ein strahlender Held, vielmehr von abgrundtiefer Häßlichkeit, ja, Aby Warburg teilte ihm gar eine »abstoßende verkniffene Verbrecherphysiognomie« zu.

Als es in Florenz zur Verschwörung der *Pazzi* kam und sich die Mörder, so erzählt der aus Montepulciano stammende Geschichtsschreiber Poliziano, auch auf Lorenzo warfen, löste Lorenzo »unerschrocken den Mantel« und riß den Degen aus der Scheide. »Er wird trotzdem verletzt, denn als er sich das Kleidungsstück abnimmt, trifft ihn ein Hieb am Hals; doch beherzt und geistesgegenwärtig packt er den Degen, wendet sich gegen die Mörder und mit raschem Blick nach allen Seiten wehrt er alle ab.« Sie hätten diesen »Taschenbrutus«, wie Malaparte den kleingewachsenen Lorenzo nennt, umgebracht, hätten ihn nicht seine Freunde, »deren er sich als Pagen bediente«, darunter Lorenzo Cavalcanti, geschützt. Worauf Lorenzo »schrie und fluchte«, wie Poliziano berichtete, die *Pazzi*-Mörder »wandten sich entsetzt zur Flucht«.

Malaparte ist sich sicher, daß er unter den Flüchen auch die Wendung einflocht, »va' a pigliarlo in tasca«, was Malaparte mit »laß dir einen von hinten verpassen« übersetzt, »eine höchst toskanische Art, Geschichte zu sehen, die du bei allen Toskanern antriffst, bei denen, die hoch, wie bei denen, die niedrig stehen, bei den Fetten sowohl wie bei den Mageren«.

19. Das gepflegte Hausschwein
Rezzoris Domizil bei Florenz

Wir nehmen die Straße von Rignano nach Incisa und fahren den steilen Hügel hinauf. An der Kurve erblicken wir ein vereinzeltes Haus. Gregor von Rezzori erzählte, wie einmal bei einem Schaufelbagger die Bremsen versagten und das Ungeheuer mit unverminderter Geschwindigkeit auf das Häuschen zuraste, die Seitenwand durchbrach und erst an der zweiten Wand des Hauses zum Stillstand kam. Zum Glück sei niemand im Haus gewesen, bis auf ein Kind in der Wiege. Die Wiege wurde von der Schaufel erfaßt und gegen die Wand geschoben. Man fand das Kind im Inneren der Schaufel friedlich schlafend.

Rezzoris Haus mit dem großen Turm liegt etwa hundert Schritte von dort entfernt, mit dem »Stummel eines mittelalterlichen Signalturms«, in dem das Ehepaar wohnte, als das Haus renoviert werden mußte. Rezzori beschreibt es liebevoll: »Wie viele seinesgleichen – sogenannte *case coloniche*, Pachtbauernhäuser aus den Besiedlungszeiten der ruralen Toskana im 14., 16. und 18. Jahrhundert – war es ursprünglich angelegt für zwei Familien, die mitsamt ihrem Vieh einträchtig unter einem Dach lebten.« Als er das Bauernhaus bezog, war es eingebettet in kniehohes Wiesengras und überschneit von Akazienblüten. »Schwalben, die das Dach mit ihren Nestern bekrustet hatten, umschwärmten es wie dereinst die Bienen ihren Stamm. Als wir es wiederhergestellt hatten, waren die Nester zerstört und die Schwalben weg; wir aber standen vor einem Geschachtel von Ställen, Zimmern, Stuben, Kammern, mit deren Bestimmung und Einrichtung wir nie recht fertig geworden sind. Kaum ist hier Perfektion erreicht, wird dort etwas reperaturbedürftig« – was Rezzoris Haus nicht von den anderen Häusern der Toskana unterschied.

Rezzori stammte aus dem geheimnisumwobenen Cernowitz in der Bukowina, und diese Prise Balkan plus neu erworbener *Italianità*, besser: *Toscanità*, ergab eine gute Mischung. Er beherrschte die hohe Kunst des Gesprächs, des Diskurses, war ein begeisterter Gastgeber, der regelrechte Gelage liebte, und spielte aufs amüsanteste mit der Sprache, nicht die Rede von »Greisengemurmel«, wie er untertreibend sein letztes Buch nannte.

Bei einem Besuch bei ihm vor langer Zeit führte mich ein Diener durchs Haus, schließlich zu einem Raum mit seinen vierhundert Paar glänzend gewichster Schuhe in Reih und Glied, die polierten Spitzen dem Betrachter zugewandt. Schuhe in Jägergrün, Hell- und Dunkelgrau, Beige, Dunkelrot, Oliv, Weiß, mattem Orange, Dunkelblau, Erdbraun, Sepia und natürlich Schwarz, allen Nuancen von Schwarz, Lackschwarz, mattem Schwarz, samtigem Schwarz, Braunschwarz, Blauschwarz, Schuhe mit Schnallen oder Perlmuttknöpfen, das Leder verziert mit Filigranarbeit, weiße Tennisschuhe aus Leinen, Stiefel, grobe Laufschuhe, handgearbeitet, Gummistiefel in Oliv und altmodisches hohes Schuhwerk mit korsettartiger Verschnürung. Schuhe mit genagelten Absätzen und Sohlen, gute echte Goiserer, sogar ein wenig abgenutzt. Wenn ich Rezzori sah, blickte ich immer zuerst auf die Füße, welchen der eleganten Schuhe er wohl für die Buchmesse oder den Empfang ausgewählt hatte.

Herrlich der Ausblick über das Land vom Turmzimmer mit seinen Büchern aus, wo er es sich bequem machte, über dem Dach und den Bäumen, seinem prallen Garten und dem Olivenhain. Schließlich führte der Custode ins Badezimmer mit dem in den Ziegelboden eingelassenen Becken.

Den Abschluß der Führung durch das Haus bildete die Bekanntschaft mit dem intelligenten, rosafarbenen, gepflegten, äußerst appetitlichen, ja hübschen und geliebten Hausschwein, mit dem Rezzori zu sprechen pflegte, das uns am Gartentor verabschiedete.

Er liebte Italien, diese Landzunge »in Gestalt eines Halb-weltdamenstiefels«, die die Leidenschaft ihrer Einwohner fürs Fußballspiel geographisch anschaulich mache: »Die Stiefel-spitze ist im Begriff, der Insel Sizilien einen Tritt zu verset-zen«, es scheine, als sei Italien von Europa abgetrennt und der Fortschritt stelle dem Land neuerdings ein Bein. Ein außerordentlich schönes Land, meinte Rezzori, dessen Ent-wicklung er trotzdem optimistisch sah. Denn die Italiener hätten sich der Erfindung des Zements temperamentvoll be-mächtigt, und es »wird ihnen gelingen, damit aus einem der schönsten Länder dieser Erde eines der häßlichsten zu ma-chen.«

Dennoch, in seiner Biographie, die er nicht mehr vollenden durfte, einem Bruchstück, erschienen im Herbst 1997, schließt er mit den Sätzen: »Wir werden gelebt. Ein Herr Zebaoth wird schon seine Absicht dabei haben. Was mich betrifft, so bin ich ein Epochenverschlepper. Ich begnüge mich mit einem kleinen Leben à la Biedermeier. Ich liebe dieses Haus in der Toskana.«

20. Kriegsjahre in der Toskana
Das Gut La Foce *im Val d'Orcia*

Auf dem Weg nach Bagno Vignoni kommen wir am Val d'Orcia vorbei und streifen *La Foce*, das Gut, auf dem Iris Origo mit ihrem Mann die schlimmsten Kriegsjahre erlebte. Hier spielt ihr *Toskanisches Tagebuch 1943/44*, in dem sie erzählt, wie auch die Toskana zum Kriegsschauplatz geworden ist: vom Vordringen der Alliierten, dem Widerstand der deutschen Besatzungsmacht, dem Zusammenbruch der faschistischen Regierung. Wir erfahren Bedrückendes von den Problemen und Nöten auf ihrem Gut und in der Umgebung, von Angst und Verwirrung. Sie gewährte Deserteuren und alliierten Gefangenen Schutz, beherbergte Partisanen und junge Soldaten, die aus deutschen Arbeitslagern geflohen waren, und gab dreiundzwanzig Kindern aus Genua und Turin Schutz und Nahrung – bis ein deutscher Feldwebel befahl, den Keller für seine Soldaten freizumachen. Eine abenteuerliche Flucht mit den ermüdeten Kindern begann, durch Wälder und vermintes Gelände, von Flugzeugen bedroht, bis sie endlich San Biagio unterhalb von Montepulciano erreichten. Dort wurden sie zu ihrer Überraschung von einer kleinen Gruppe von Bürgern empfangen:

»Man kann sich kein rührenderes Willkommen vorstellen. Viele von ihnen waren Partisanen, andere waren selbst Flüchtlinge aus dem Süden, denen wir vorher geholfen hatten, wieder andere waren alte Freunde und unsere Arbeiter, die in Montepulciano wohnten. Sie nahmen die Kinder auf die Schultern, dazu unsere Bündel. Von soviel Herzlichkeit angespornt, marschierten wir im Triumphzug die Dorfstraße hinauf . . .«

Nicht zufällig haben die Brüder Taviani ihren Film *Die Nacht von San Lorenzo* in die Toskana verlegt. Nach ihrer Landung in Sizilien und bei Salerno im Juli 1943, ein halbes Jahr nach der Niederlage von El Alamein, als die Engländer und Amerikaner von Kalabrien bis in die Toskana zogen, trafen sie überall auf kühle Aufnahme, die die siegesgewohnten Soldaten unsicher machte. Die Toskaner, in deren Wäldern die Partisanen nisteten, von Müttern, Großmüttern und Schwestern versorgt, blieben den Eindringlingen gegenüber gelassen, selbst dann, als sie, wie alle Italiener, Kombattanten in Hitlers Krieg geworden waren. Die Absicht Hitlers, wie er kundtat, »mit einer besonderen Gruppe kurzerhand nach Rom hineinzufahren, die ganze Regierung, den König, die ganze Blase sofort zu verhaften, vor allem den Kronprinzen sofort zu verhaften und sich dieses Gesindels zu bemächtigen, vor allem, des Badoglios und der ganzen Bagage«, schüchterte die Toskaner mitnichten ein, ganz abgesehen davon, daß Hitlers Generäle durch überpenible Vorbereitung ihre Chance verspielten, die Italiener zu überrumpeln.

Die Zeit des Widerstands während der beiden Jahre, in denen Italien in Hitlers Kampf verstrickt war, war für die Literatur und die Geschichte des modernen Italiens von großer Bedeutung. Von der Einigung Italiens bis zum Niedergang des Faschismus hatten Italien, ähnlich wie heute, politische Gleichgültigkeit und Korruption geprägt, die die Politiker betrieben. Nun war mit dem Widerstand plötzlich ein öffentliches Bewußtsein erwacht, das sich in den Büchern von Ignazio Silone bis Carlo Cassola niederschlug. Zum ersten Mal nahmen nicht nur das Volk, sondern auch die Literaten am politischen Leben teil: ihre Werke erzählen von der Resistenza, von der Besatzung und von den Nachkriegsjahren. Es herrschte Bürgerkrieg und Hunderttausende verendeten in den Kriegsgefangenenlagern der Wehrmacht und in Konzentrationslagern. Italienische Truppenkommandeure wurden als

Das Gut La Foce

»Freischärler« ermordet, weil sie ihre Soldaten nicht dazu
brachten, ihre Waffen abzugeben, ebenso wie Offiziere, die
ihre Waffen an Aufständische weitergaben.

Deutsche Autoren wie Christiane Kohl in ihrem Buch *Villa
Paradiso. Als der Krieg in die Toskana kam* setzen sich mit
den Verwüstungen der Toskana durch die Deutschen auseinander. Villa Paradiso, ein herrlich gelegenes Landhaus auf den
Hügeln des Chiana-Tales, wurde im Sommer 1944, als Parti-
sanenzentrale besetzt, zu einem Ort der Barbarei.

Eine halbe Stunde mit dem Auto von Cortona entfernt, inmitten einer einsamen Gegend, steht an einer Straßenkreu-
zung ein Gedenkstein, der an die *furia tedesca*, die deutsche
Gewalt, erinnert. Ein steinernes Kreuz erinnert an die Opfer
der »deutschen Barbarei« in Falzano, einem Örtchen, das
heute nicht mehr besteht. Der »Barbar« soll Josef S. gewesen sein, der 1944 den Vergeltungsschlag befohl und 14 Menschen ermorden ließ, da die Partisanen zuvor zwei Deutsche
erschossen hatten. Gegen Josef S. fand in München 2008 ein

Prozeß statt, bei dem der Angeklagte seine Schuld jedoch hart-
näckig leugnete.

In einem Gedicht hat Franco Fortini, der in Valdassola
1944 Widerstand leistete, Eindrücke aus dem Jahr 1944 festgehalten:

Valdassola
16. Oktober 1944

Dein Gewehr ruht im Gras der Weiden.

Hier sind wir versammelt
Wir sind die letzten
Was für ein Schweigen.

> Jetzt kommen sie
> Sie kommen.

Dein Gewehr ruht im Wasser des Brunnens.

Oktober bitterer Wind
Die Wolke ist über dem Berg
Wer zeugt für uns.

> Jetzt kommen sie
> Sie kommen.

Winter des letzten Jahres
Die blinden Hände die Stirn
Und keiner schreit mehr.

Dein Gewehr ruht im Schneegestein.

> Jetzt kommen sie
> Sie kommen.

21. Bagno Vignoni und Montepulciano
Vom Val d'Orcia nach Bagno Vignoni

Bagno Vignoni bei San Quirico d'Orcia wurde berühmt als Schauplatz des Films *Nostalgia*, den der russische Regisseur Andrej Tarkowski 1983 drehte: morbide Bilder vom großen, mit einer Mauer eingefaßten, grünlich schimmernden Wasserbecken, das quasi die Piazza darstellt, und rundum Häuser und Laubengänge für die Trinkkuren, ein einfaches Sommerpalais, heute ein Hotel.

Eine der schönsten antiken Thermen Italiens. Hier badeten einst die Etrusker, und im Mittelalter pilgerte die heilige Katharina zu dem steingemauerten Riesenbecken, um ihre Osteoporose zu behandeln. Heute ist das mit Algen bedeckte Gewässer nur noch zum Anschauen da. Ein paar Schritte entfernt davon befindet sich ein Thermalbad.

Wir fahren weiter durch das offene, leicht gewellte Land, zum malerischen, mauerumgebenen Städtchen Montepulciano, der »Perle der Renaissance« auf einer Tuffsteinkuppe, bekannt geworden durch die sommerlichen Musikfestspiele des Komponisten Hans Werner Henze.

Ein berühmter Sohn dieser Stadt ist der 1454 hier geborene Dichter Poliziano, benannt nach der lateinischen Form von Montepulciano. Er wurde früh zur Halbwaise, als sein Vater, ein Jurist, einem Racheakt zum Opfer fiel. Poliziano ging zu Verwandten nach Florenz und begann dort seine Lehrjahre im *studio fiorentino*, übersetzte bereits ein Jahr später das zweite Buch der *Ilias* in lateinische Verse und widmete es Lorenzo, der ihn in das Haus der Medici aufnahm. So kam Poliziano in den Genuß der edlen Medici-Bibliothek, wurde Sekretär und Hofdichter und erhielt den Auftrag, Lorenzos Söhne zu erziehen, Piero und Giovanni, den späteren Papst

Das große rechteckige Außenbecken von Bagno Vignoni

Leo X. Die schöpferische Zeit des höfischen Humanisten –
der das erste weltliche Drama Italiens, *Favola di Orfeo, Die
Tragödie des Orpheus*, schrieb und die textkritische Metho-
de einführte – endete mit der Verschwörung der *Pazzi*, der
Lorenzos Bruder Giuliano zum Opfer fiel. Angelo Poliziano
hat ihn so anschaulich charakterisiert, daß wir ihn vor uns sehen:

»Er war von hohem Wuchs, quadratischem Körperbau, hatte eine breite, vorspringende Brust, nervige Arme, kräftige
Gelenke, einen zusammengepreßten Bauch, breite Ober-
schenkel, über Gebühr ausgeprägte Waden, lebhafte Augen, scharfen Blick, braune Hautfarbe, üppigen Haarwuchs,
lange, schwarze, von der Stirn in den Nacken zurückge-
worfene Haare. Tüchtig im Reiten und im Bogenschießen,
ausgezeichnet im Springen und in anderen körperlichen
Übungen, fand er größtes Vergnügen an der Jagd. Hohen
Mut und zähe Standfestigkeit besaß er, hing der Religion

und den guten Sitten an, liebte besonders die Malerei und die Musik und jede Art anmutigen Ausdrucks. Er hatte eine nicht unangemessene Begabung für die Poesie und schrieb mehrere toskanische Versdichtungen von wunderbarem Ernst und voll guter Sentenzen. Gern las er Liebesgedichte; war redegewandt und voll kluger Vorsicht, nicht aber geistesgegenwärtig.«

22. Die ideale Stadt: Pienza
Von Bagno Vignoni nach Pienza

Schon Leon Battista Alberti entwarf um 1443 in *Della famiglia* Gedanken für den Bau einer idealen Stadt, deren Vorzug in der vollkommenen Funktionalität der einzelnen Gebäude bestehen sollte. Er berücksichtigte dabei familiäre, städtische, politische ebenso wie physikalische und moralische Aspekte. So war es nicht verwunderlich, daß sich Enea Silvio Piccolomini, der Humanist, Dichter, Philosoph und spätere Papst Pius II., den Traum einer einzigartigen Idealstadt mit Pienza erfüllen wollte und sie nach den Entwürfen Bernardo Rossellinos, Albertis Meisterschüler, plante. Ein ungewöhnliches Unternehmen, von dem er in seinen *Commentari* berichtete. Pius II. durfte jedoch die Realisierung seiner Träume nicht ganz erleben – nur der Dom, die Palazzi Piccolomini und Vescovile an der Piazza wurden vollendet.

Ein Wunder an Leichtigkeit und Heiterkeit ist der Innenhof des Papstpalastes, den bis ins 20. Jahrhundert der Conte Piccolomini bewohnte. Ein Custode führt uns durch die Räume, zeigt uns Familienfotos, die gepflegten Möbel, den Intarsientisch und das Kinderstühlchen, das ledertapezierte Arbeitszimmer. Räume mit Sinn für Proportionen, großzügig, ohne überflüssigen Zierrat. Hier lebte Pius I. in Weite und innerer Ordnung, im Einklang mit der Zeit. Das offenbart die Sammlung von Sanduhren, die die Piccolomini liebten.

Ein Palast ohne Verschwendung, doch mit Sinn für Tradition und Familie, das offenbart der Stammbaum im Schlafzimmer. Es genügt, auf eine der drei an Villen gemahnenden Säulen-Loggien zu treten, um den geordneten Stilwillen Piccolominis zu begreifen, den Blick auf die gestutzten Steineichen und Buchsbaumhecken seines geordneten Gartens im Kontrast zur Weite des Landes mit seinen Kastanienwäldern bis weit hinten zum Monte Amiata. Ein Blick, den Pius II. seit seiner Kindheit liebte.

Er wurde als Sohn der verarmten, Ende des 14. Jahrhunderts aus Siena vertriebenen Adelsfamilie in Corsignano geboren, wo er als Kind barfuß über die Wiesen lief und Schafe hütete. Er ergriff den Beruf des Gelehrten, vergaß aber nie, was Armut bedeutet und wie man mit einfachen Leuten spricht. Das offenbaren seine Briefe: »Ich weiß«, sagte der oberste Hirte, »wie man gut ist zu einer Herde.«

Ein Mann von großer Gelehrsamkeit und herausragender Rhetorik, der vom Sekretär für Kirchenhäupter bis zum Papst aufstieg. Piccolomini schrieb Novellen und amüsante, leichte Geschichten und ein Lustspiel, das in einem Bordell spielt. Seine *Commentari* sind lesenswert und vermengen autobiographische Erlebnisse mit Reisebetrachtungen aus europäischen Ländern, in denen er unser als »barbarisch« verachtetes Germanien wieder zu Ehren brachte. Als ihm eine Engländerin ein Kind nicht nur gebar, sondern es auch bei ihm zurückließ, mußte sich Piccolomini etwas einfallen lassen. Der künftige Papst quälte sich nicht lang, sondern legte das Kind seinem Vater ans Herz und schrieb einen listigen Brief:

»Enea Silvio grüßt herzlich seinen Vater.
Lieber Vater, Du schreibst, Du wüßtest nicht, ob Du Dich nun freuen oder ärgern sollst, daß mir der Herr einen Nachkommen geschenkt hat. Ich für meinen Teil sehe darin einen Anlaß zur Freude, aber keinen zur Betrübnis. Was ist süßer auf Erden, als ein Ebenbild zu zeugen, gleichfalls sein Blut zu verbreiten und jemanden zu haben, den man auf der Welt zurückläßt, und was ist seliger auf Erden, als die Kinder seiner Kinder zu sehen? Mir ist es eine große Freu-

Die Piazza Pio II. in Pienza

de, daß mein Samen Früchte trug und daß bei meinem Tode doch etwas von mir übrigbleibt, und ich sage Dank dem Herrn, daß er mir im Schoße des Weibes ein Söhnchen bildete und nun bei Dir und der Mutter ein kleiner Äneas spielen wird, mit seinen Großeltern, und ihnen allen die Freude gewährt, die ihnen sein Vater hätte machen müssen.«

Was wirklich sehr liebevoll formuliert ist, doch der Vater war keineswegs erfreut, also schlug Piccolomini eine andere Tonart an: »Also bitte: nimm jetzt das Kind! Ich weiß doch, was Du zu Deiner Zeit für ein Gockel gewesen bist!«

Wie der Garten, so zeigt auch der Dom Santa Maria Assunta nach Süden, in Richtung des Monte Amiata; der über dem Abhang gebaute Chor hat sich ein wenig gesenkt. Der Bauhistoriker Jan Piper hat 1978 Interessantes entdeckt: Die Kirche ist so angelegt, daß an den Tagen der Tag- und Nachtgleiche mittags »der Schatten der Fassade auf die Neunfelderdecke der Piazza fällt und diese gänzlich ausfüllt. Die Anlage ist also im Kern ein Kalenderbau, der als kolossale Sonnenuhr den Lauf der Zeit und den Wechsel von Licht und Schatten abbildet.« Es ist keine Basilika, sondern eine Hallenkirche nach Vorbildern nördlich der Alpen, wie sie Pius II. auf seinen Deutschland-Reisen kennengelernt und bewundert hatte.

Auf dem Rückweg, vollbepackt mit dem berühmten Pecorino aus Pienza und anderem Käse und Leckereien – in Pienza findet im Corso Rossellino, der Hauptstraße, jedes Jahr eine wunderbare Käsemesse statt –, machen wir einen Abstecher zu einem Kleinod etruskischen Ursprungs, nach Montichiello, das 546 Meter hoch mit seinen mittelalterlichen Mauern auf dem Berg über dem fruchtbaren Tresa-Tal liegt. Am Abend genießen wir den Rundblick über das weite Land und sehen eine Aufführung des *teatro povero*, des Theaters der armen

Leute, die kein Geld für ein Bühnenbild brauchen, die stimmungsvollen Gassen und die Naturkulisse genügen. Ein Stück lebendiger Stadtgeschichte in der Tradition mittelalterlicher Legenden, eindrucksvoll von Darstellern mit knotigen Händen und breiten Schultern vorgetragen, mit Vergnügen am Spiel und am Wort.

Auf die Aufführung folgt ein prächtiges Fest, zu dem auch die Menschen aus der Umgebung kommen. Lachen, Musik, Kindergeschrei, die Bühne verwandelt sich in eine Tafel mit Käseplatten, Brotkörben, Früchten und Wein, und alle tanzen in den Straßen.

23. Seelen- und Körpererforschung in Arezzo
Von Pienza nach Arezzo

In Arezzo angekommen, machen wir gleich bei der Kirche San Francesco im Zentrum Halt. Die Fresken des Piero della Francesca sind faszinierend: wie Wasserfälle die Falten der Gewänder und Schleppen der Königin von Saba und ihrer Begleiterinnen, die wie schlanke Säulen hinter der anbetend Hingesunkenen vor einer bukolischen Landschaft erscheinen.

Arezzo: die Stadt Petrarcas, Aretinos und Vasaris. Die trapezförmige grandiose Piazza Grande berauscht durch ihre Schönheit des urbanen Platzes, der Hanglage angepaßt. Links von uns befindet sich die Apsis der Pieve, zart wie Spitze mit ihren weißleuchtenden Säulen und einem so fragilen Campanile, daß es fast scheint, als schwanke er leicht in der blauen Luft. Hohe Treppen, von der ersten bis zur letzten Stufe mit jungen Menschen besetzt, führen zum eleganten Palazzo del Tribunale, rechts begrenzt von den golden schimmernden Säulen des Palazzo delle Logge. Die üppig gedeckten Tische der feinen Restaurants unter den Arkaden beugen sich unter der Last der Platten mit saftigen Trauben, goldschimmernden Melonen mit rosa Schinken und blutrotem Sugo mit Spaghetti. Ein herrlicher Bau, maßvoll, mächtig und zart zugleich, nach Plänen Vasaris »zur Ehre und zum öffentlichen Nutzen der Stadt« 1573 bis 1595 erbaut. Vor der Loggia die Rekonstruktion des Schandpfahls aus dem Mittelalter, eingerahmt wird der Platz von mittelalterlichen Häusern mit Holzbalkonen und hohen Turmstümpfen.

Wir gehen den Stadthügel aufwärts und kommen zur Casa del Petrarca nahe dem Dom, heute Sitz der Accadémia Petrarca di Lettere, Arti e Scienze, der Akademie für Literatur, Kunst und Wissenschaft. Eine Gedenkstätte für den großen

Sohn der Stadt und ein Museum mit hohen Bücherschränken und einer bemalten Holzdecke, ein Haus aus dem 16. Jahrhundert. Hier weiß jeder, wer Petrarca ist, und es scheint nicht gerecht, daß die Florentiner, wenn man sie nach Petrarca fragt, so tun, als wüßten sie nicht, wer das ist: Petrarca? *La mi riesce nova*, das ist mir ganz neu, und dann, wenn man sagt, daß dies ein Dichter sei, reden sie ganz rasch davon, wie unübertrefflich doch ihr Dante sei. Aus Arezzo sei er? Ach so, Arezzo, das klingt mitleidig, als sei Arezzo irgendeine provinzlerische Kleinstadt irgendwo. Dabei wurde Petrarcas Vater, der angesehene Notar Pietro di ser Parenzo, genannt Petracco, weißer Guelfe und enger Freund Dantes, aus dem gleichen Grund wie der Ghibelline Dante aus Florenz verbannt und ging nach Arezzo ins Exil, wo Francesco Petrarca 1304 geboren wurde.

Trotzdem hat Petrarca Florenz immer als seine geistige Heimat betrachtet, er ist jedoch nie dorthin zurückgekehrt.

Petrarca wurde in eine Zeit dramatischer Entwicklungen hineingeboren. Trotz der kirchlichen und politischen Krise des in Avignon residierenden Papsttums, des Niedergangs der kaiserlichen Allmacht, der Kriege und Hungersnöte – für die Eltern stand fest: aus ihm soll etwas Besonderes werden. Da die Familie nach Avignon zog, wo der Vater den Rechts- und Geldhandel des Papstes besorgte, verstand es Petrarca früh, zwischen Provenzalisch, Toskanisch und dem Latein des Papsthofes zu wechseln – ein Großteil der hinterlassenen Schriften dieses großen Wegbereiters der humanistischen Kultur in Italien, ja in ganz Europa, ist in Latein verfaßt. Er studierte die Rechte in Montpellier und Bologna und entdeckte bald seine Liebe zu den Dichtern der Antike und zu Augustinus' *Bekenntnissen*, mit dem er im *Secretum*, dem spannenden Dokument seiner geistigen und seelischen Auseinandersetzung mit sich selbst, in elegantem Neulatein ein dramatisches Zwiegespräch führt.

Wir besuchen den nahen Dom, um das bezaubernde Fresko im Seitenschiff, Piero della Francescas Heilige Magdalena anzusehen, eine der schönsten Frauengestalten, die er geschaffen hat.

In einer Kirche verliebte sich Petrarca in eine junge Frau namens Laura, deren idealisierte Gestalt Muse seiner größten Dichtung, dem *canzoniere* wurde. Man muß sich seine Lieder zur Laute gesungen vorstellen, die Petrarca meisterlich beherrschte, dann erscheinen uns die allzu süßlichen Worte, vorgetragen im schönsten Toskanisch, leuchtender und tiefer:

Von den schönen Zweigen schwebte
(welch süße Erinnerung!)
ein Blumenregen hinab
in ihren Schoß. In aller Glorie
saß sie demütig da,
von einer liebenden Wolke umhüllt.
Ein Blütenblatt fiel auf den Saum
des Kleides, ein anderes
fiel auf ihr blondes Haar,
das glänzte auf wie Perlen,
eins flatterte auf die Erde, eines in die Flut
und eines schien unsicher irrend
zu sagen: hier herrscht Amor!

Doch da seine aufwendige Lebensform das Vermögen des Vaters aufzehrte, wurde er Kapellan des Kardinals Giovanni Colonna, unternahm ausgedehnte Reisen, die ihn auch nach Deutschland führten, und verlegte seinen Wohnsitz nach Vaucluse, einem Ort der Ruhe, der seine Arbeit beförderte. 1340 boten ihm die Universität von Paris und der Senat von Rom am selben Tag die Dichterkrönung an; er entschied sich für Rom und wurde im Campidoglio zum Dichter gekrönt. Er war eng befreundet mit Giovanni Boccaccio, der oft für Monate bei ihm weilte, und blieb ihm in einem lebenslangen Gespräch verbunden.

Vom Dom aus machen wir einen Abstecher in den Prato und tummeln uns eine Weile zwischen den Buden der Trödler und Kunstmarktstände, lauschen den Gesprächen über Kauf und Verkauf, über den Wert des Goldes und über Frauen. Von einem hohen Sockel herab, weit über dem Lärm und Gestikulieren der Menge thronend, schaut ein von Kopf bis Fuß goldgetünchter Petrarca mit Lorbeerkranz hochmütig, mit unbeweglicher Miene, festgefrorenem Körper und aufrechtgebogenem Spitzkinn, auf eine Schriftrolle herab, auf der in altmodischen Lettern »De vita solitaria«, Petrarcas Apologie der Weltflucht, geschrieben ist. Zu Füßen der eitlen Goldgestalt steht ein goldener Becher, in den die Vorübergehenden Münzen werfen.

Jacob Burckhardt pries die Renaissance als Geburtsstunde des modernen Menschen, und einer ihrer Väter war Giorgio Vasari. Sein Haus in der Via XX. Settembre hat er 1540 erworben. Der Maler, Baumeister und Kunstschriftsteller, berühmt für seine »Lebensbeschreibungen der ausgezeichnetsten italienischen Maler, Bildhauer und Baumeister«, stattete das Haus selbst aufs prächtigste mit Fresken und Ölbildern aus, die man später zum größten Teil nach Florenz schaffte. In der *camera della fama*, dem Zimmer des Ruhms, hängen Porträts von Michelangelo, Andrea del Sarto, Lazzaro Vasari, des Urgroßvaters Vasaris, Luca Signorelli, Spinello Aretino und Bartolomeo della Gatta und nicht zuletzt von Vasari selbst. Herrische und widerspenstige Gesichter, stolz und eigenwillig, Menschen der Toskana, die uns ihre Werke hinterließen.

Im Sala del Camino beschwört Vasari auf der Kassettendecke Frieden und Wohlstand, ohne die künstlerische Arbeit nicht denkbar ist. Doch kämpft der Künstler nicht zuletzt mit den Launen der Gestirne, weshalb Vasari auch die Planeten dargestellt hat, und oben an den Wänden die Tugenden des Künstlers. Vor dem Kamin die Statue der Venus: ohne Schönheit gibt es kein Künstlertum.

Ein anderer berühmter Sohn der Stadt ist Pietro Aretino. Als Sohn des Schusters Luca 1492 geboren, übte er sich in Perugia im Schreiben von Gedichten und in der Malerei, doch zog es ihn bald ins Rom des Papstes Leo X., wo er unter anderem Raffael, Giulio Romano und Sansovino kennenlernte und vom reichen Sieneser Bankmann Chigi protegiert wurde. Er verließ Rom nach dem Tod Leos, kehrte aber, als ein Medici zum Papst ausgerufen wurde, zurück, doch blieb sein Verhältnis zum Hof gespalten.

Dem »Göttlichen« und »Schamlosen«, ständig in Fehden und Ränke verwickelt, brachten seine *Sonetti lussuriosi* eine Anklage wegen unsittlichen Verhaltens ein und zudem die Feindschaft des Prälaten Giovan Matteo Giberti, der ihm gar nach dem Leben trachtete. Von allen Helden des Worts, denen wir bislang auf unserer Toskanareise begegnet sind, war Pietro Aretino sicherlich der freizügigste, und der Schriftsteller Thomas Hettche bezeichnet sein schmales Bändchen *I Modi* als den »Urtext der modernen Pornographie«. Auf Toskaner Art gab man ihm zahlreiche Spottnamen, am spitzzüngigsten sicherlich Ariost: »ecco il flagello de' principi, il divin Pietro Aretino«, sieh da, die Geißel des Fürsten, der göttliche Pietro Aretino. »Der größte Lästerer der neuen Zeit«, nannte ihn Jacob Burckhardt, während sich Aretino selbst, in göttlicher Bescheidenheit, als Sekretär der Welt, »il secretario del mondo« titulierte.

Der Handel mit seinen *Modi* wurde verboten, ihr Druck mit Todesstrafe bedroht. Aretino aber lachte jenen, die ihn kränkten und unterjochten, ins Gesicht, mit Witz und unerzogener Verachtung: »Als ich vom Papst Clemens die Freilassung des Marcantonio Bolognese erwirkt hatte, der im Ge-

Die Piazza Grande in Arezzo

fängnis saß, weil er die 16 *Modi* in Kupfer gestochen hatte, bekam ich Lust, die Figuren zu sehen, von denen der Wichtigtuer Giberti ausgerufen hatte, man solle den trefflichen Künstler foltern und hängen. Und da ich sie sah, ward ich vom selben Geist angerührt, der den Giulio Romano trieb, sie zu zeichnen. Und weil die Dichter und Bildhauer im Altertum wie heutzutage hin und wieder in der Laune des Geistes lüsternes Zeug dichten und meißeln (...), so veröffentlichte ich dazu die Sonette, die man unter jedem Bild sieht. Zu lustvollem Gedenken widme ich sie Euch, und die Heuchler mögen stillhalten, wenn ich mich distanziere vom filzigen Urteil und der schmutzigen Sitte, den Augen zu verbieten, was sie am meisten sehen wollen. Was ist Schlimmes dabei, einen Mann zu sehen, der eine Frau besteigt?«

Durchschnittlich dreimal komme in jedem »Schweifsonett« das Wort *cazzo*, Schwanz vor, hat Hettche gezählt, kein Wunder, denn schließlich belauscht Aretino seine Paare beim Liebesspiel, da wird gerufen, geschrien, geseufzt, gelacht, eine

Komödie voll bizarrer Bewegungen, kurzatmiger Wortwechsel, Tempowechsel, eine ganze Skala von Gefühlen, die endlich in einen ausgepichten Orgasmus (nicht zuletzt der Sprache) münden.

Im Juli 1525 wurde Aretino niedergestochen. Nun wollte er endgültig mit Rom nichts mehr zu tun haben. Er folgte dem Condottiere Giovanni dalle Bande Nere, dem Führer der italienischen Heeresteile der Liga von Cognac, dessen Denkmal in Florenz auf der Piazza San Lorenzo steht, und ging schließlich nach Venedig, wo er bis an sein Lebensende blieb.

Ein Toskaner, wie er im Buche steht, ständig umgetrieben, grausam und parteiisch, zynisch und ironisch, einzig und allein dazu geboren, zu schmähen und zu polemisieren, einer, der keine Angst vor der Hölle hatte.

Neben Schmähschriften, Parodien und Lobreden schrieb Aretino außer Epik eine Tragödie und fünf Komödien, von denen *Cortigiana* wohl die gelungenste ist. Es wimmelt auf seiner Bühne von Huren, bankrotten Höflingen, wollüstigen Mönchen und dümmlichen Pedanten. Mit zwei brillanten Dialogen verewigt sich Aretino als Schöpfer der Gattung *dialogo puttanesco*, Hurengespräch, wobei schon der Titel alles sagt: »Dialog des Messer Pietro Aretino, in welchem Nanna am ersten Tag ihrer Tochter Pippa das Dirnenwesen beibringt, am zweiten ihr von den Streichen der Männer erzählt, die diese den dummen Frauen antun«, und so weiter bis zum dritten und letzten Tag.

Außerhalb des Zentrums kommen wir zu der Kirche Santa Maria delle Grazie mit ihrem filigranen Marmoraltar von Andrea della Robbia. Bezaubernd leicht und fröhlich der Majolika-Rahmen als Früchtekranz, der die Schutzmantelmadonna umgibt. Im nahen Cesa im Chiana-Tal stoßen wir auf das kleine Poesie-Museum, das im Jahr 2000 eröffnet wurde, von der Schriftstellerin Perla Cacciaguerra entworfen und in der Krypta der antiken Kirche Santa Lucia realisiert. Ein großer, aus roten Ziegeln gebauter Raum mit drei Schiffen, Deckengewölbe und kreuzförmigen Säulen. An den Wänden sehen wir Gedichte und Zeichnungen, Bilder von Villoresi, Bemporad, Jean Cocteau, wir blättern in signierten Bänden von T. S. Eliot, Ezra Pound, Brodsky, Cardarelli, Paul Wühr, Jude Stéfan und Bassani. Ruhige Augenblicke – Zeit für ein kleines Selbstgespräch.

24. Der Tarotgarten der Niki de Saint Phalle
Von Arezzo nach Capalbio

Wir sind auf der Aurelia in Richtung Rom unterwegs und fahren durch die Maremma, um im wilden Naturpark von Albarese ein Bad im Meer zu nehmen. Zuvor aber wollen wir zum Tarotgarten der Niki de Saint Phalle und biegen bei Capalbio ab. Schon während wir uns dem Garten nähern, blicken uns zwei gigantische glitzernde Köpfe über die Bäume hinweg an, es winkt eine riesige silberne Hand. Man weist uns den Weg zum Parkplatz.

Bunte Götter oder Dämonen? Fasziniert bleiben wir vor einem maskenhaften Riesinnenkopf stehen, der trotz seiner Glasscherbenhaut heilig Unantastbares ausstrahlt und doch etwas Menschliches, ja Weibliches. Es ist die Hohepriesterin aus den Tarotkarten. Der Blick des rechten Auges der Priesterin ist nach innen gezogen und symbolisiert das Spirituelle des Tarotspiels, die Aufforderung, über die Welt nachzudenken. Glühendrot dagegen das linke Herrscherauge, das majestätisch in die Ferne blickt. Wasserkaskaden tosen wie ein Sturzbach aus der riesigen Mundhöhle über Treppenstufen hinab in ein Brunnenbecken, in das er eine grüne Schleppe zarter Blätter und dünner Gräser hineinzieht.

Wir nehmen zu Füßen einer kolossalen Sphinx mit leuchtend roter Krone und riesigen Brüsten, bemalt wie Ostereier, Platz. Der Leib aus bunter Keramik mit einer versteckten Tür ins Innere, in eine funkelnde Höhlenwelt, mit schimmernden Blitzen von silbernen Schuppen.

Die Ursprünge des Tarot sind von Geheimnissen umwoben. Die Hohepriester der altägyptischen Pharaonen sollen ihr Geheimwissen mit bildlichen Symbolen übermittelt haben, aus denen sich die zweiundzwanzig *Arcana Maiora* des

Tarot entwickelten. Legenden sagen, daß Moses diese Karten ins Gelobte Land mitgenommen habe, weshalb die Kabbala mit zweiundzwanzig Karten verknüpft sei.

Die ersten Tarotkarten sind aus Italien bekannt. Bonifacio Bembo schuf sie im 15. Jahrhundert für die Familie Visconti. Aus dieser Zeit, in der sich die Päpste und Kirchenfürsten für Alchemie und Astrologie interessierten, stammen auch die Steinreliefs im Dom von Siena, mit den Arcana Maiora geschmückt. In der Folge wurden sie in allen gesellschaftlichen Schichten beliebt, verloren jedoch ihre Bedeutung als Spielkarten, ihr esoterischer Sinn wurde erst im 18. Jahrhundert wiederentdeckt. Seither findet man sie in der ganzen Welt.

Niki de Saint Phalle kam auf die Idee, einen plastischen Tarotgarten inmitten der Natur zu inszenieren, in einer Lebenskrise, als nach einer schweren Schädigung ihrer Lungen durch die Polyesterdämpfe ihr Lebensgefährte, der Künstler Jean Tinguely, von einer anderen Frau ein Kind bekam. In der Zeit ihrer Genesung beschäftigte sie sich mit der Idee eines mythologischen Gartens, und als sie von einem Grundstück südlich von Grosseto, einem ehemaligen Steinbruch, hörte, erwarb sie das Nutzungsrecht und konzentrierte hinfort ihre ganze Kraft auf dieses Projekt.

Sie war wie besessen von der Idee, machte riesige Modelle und ließ sich von den phantastischen Gärten des 16. und 17. Jahrhunderts inspirieren. Orsinis heiliger Hain in Bomarzo, der *Park der Monstren* mit seinen begehbaren Monumentalarchitekturen, ist nicht weit. Oder das ehemalige Kloster La Scarzuola, dreißig Kilometer nördlich von Orvieto, vom Mailänder Architekten Tomaso Buzzi 1959 erworben.

Staunend wandern wir durch den Tarotgarten. Karte eins und Karte zwei im Tarot, Magier und Hohepriesterin, bildeten bald einen einheitlichen Komplex auf dem Hügel, und an den Eingang postierte Niki de Saint Phalle den Lebensbaum in Gestalt einer neunköpfigen Hydra. Schlangen bildeten seine

Der Tarotgarten der Niki de Saint Phalle

Äste, auf den Stamm malte sie einen ihrer Briefe, in dem sie über Liebe und Schmerz schrieb, und die Botschaft, über dem blauen Himmelsbogen des Eingangs als Inschrift in italienischer Sprache festgehalten, lautet: »Wenn das Leben ein Kartenspiel ist, dann sind wir geboren worden, ohne die Spielregeln zu kennen. Und doch müssen wir mitspielen.«

Ein schöner Teufel im farbigen Gewand aus herrlichem Mosaik, das sein Geschlecht herausarbeitet, ist die Dreizehn, auf einer Art Siegerpodest. Den Tod stellt eine vollbusige Frau mit hohlen Wangen dar, auf einem mantelumhüllten Pferd. Körperteile liegen am Boden, von ihr bereits mit der Sense zerstückelt. Kinderstimmen springen von der Muttergöttin mit ihren zwei vorgelagerten Tatzen zum Magier mit seinen Mondhörnern am Kopf, und einige klingen nach, verlöschen allmählich, wenn sich die Kinder ins höhlenartige Innere mit der gewölbten Spiegelscherben-Decke wagen. Eine kleine Wendeltreppe führt hoch zu den Augen, zusammen mit dem Mondhörner-Hut bilden sie die magische Acht.

Aus den Augen heraus blicken die Kinder in Nikis verzauberte Welt. In Nikis Kindheit war das eine imaginäre Magic-Box, in die sie mit zwölf Jahren floh, um die Schläge und die Vergewaltigung ihres Vaters zu vergessen. In diese Box steckte sie all ihre Träume und Briefe, ihre geheimen Wünsche nach Freiheit.

Die erste Zeit in Capalbio hat Niki de Saint Phalle im Inneren der Sphinx verbracht. Dort hatte ein rechtwinkliges Atelier Platz, das zu einem Großteil unter der Erde war und doch den Blick ins Freie erlaubte. Im Bauch ihrer Sphinx, im Sommer unter einem Ventilator, im Winter mit einem Kamin, dessen Feuer die Spiegelmosaiken aus Muranoglas reflektierten, lebte Niki ihre Einsamkeit. In der einen Brust der Sphinx befand sich ihr Schlafzimmer, in der anderen ihre Küche, die in die Brustwarzen eingelassenen Fenster öffneten ihr den Blick aufs Meer.

Sie hatte es geliebt, spartanisch zu leben, doch war es ihr nicht gelungen, ihre zunehmenden rheumatischen Schmerzen allein mit ihrer Kraft zu bezwingen. Ihre Hände verformten sich, zu modellieren gelang ihr nicht mehr, und eines Tages versagten ihr die Beine den Dienst, und sie mußte ins Krankenhaus.

Ihre Gedankenarbeit aber wuchs wie ihr Garten.

Quer zu ihren runden magischen Werken das fragile mechanische Räderwerk ihres Mannes Jean Tinguely, der *Turm zu Babel*, sein *Rad des Schicksals*, eine Komposition aus eisernen Rädern und Bögen, von einer Dusche besprüht, am Fuß der Priesterin. Der kleine Hausaltar, von Niki nach seinem Tod errichtet, mit brennenden Kerzen, Fotos, Devotionalien und kleinen Briefen dekoriert.

Unsterblich wurde sie mit der Erschaffung des neuen Selbstbilds der Frau, der *Nana*, einer Figur der Freude, mit dem sie die Frauen verherrlichte und die Mutterschaft glorifizierte. Deshalb machte sie die Frauen »so groß, daß ein Mann klein neben ihnen war«.

Es war gerade Italien, wo sie sich heimisch fühlte, eine Zugereiste wie viele, das Land der Mamma mit ihren Riesenbrüsten und dem ausladenden Bauch, der *madre mediterranea*, und der pathetischen Liebe der Söhne zu ihren Müttern. Das war es, was Niki ihr Leben lang vermissen mußte, die Wärme und die umfangende Liebe mütterlicher Arme, die sich ihr entgegenstreckten und sie vor dem Vater schützten. Sie beneidete die Italiener um dieses tiefverwurzelte Bedürfnis, zusammenzusein, sich zu berühren und sich ihrer Liebe zu versichern.

Nicht zu vergessen den aussichtslosen Kampf, sich von der Mutter zu befreien, die auch ein Monstrum sein kann, und ihre frühen Frauenfiguren haben durchaus etwas Monströses, Fressendes mit den Wellenbergen ihres Fleisches und diesen kuppelartigen Brüsten. Im Bauch einer Gebärenden ließ sie eine Riesenspinne wachsen – verzehrt das Baby die Mutter oder die Mutter ihr Kind?

Sie brauchte das Meer, brauchte die Mamma, ihre Nahrung und ihren Schutz. Das verband sie mit den italienischen Frauen.

25. Die Maremma

Durch die Maremma nehmen wir den Weg zurück. »Der Name *Maremma* hat mir im Ohr geklungen, ehe ich diese Landschaft überhaupt gekannt habe. Noch ehe ich wußte, wo die Maremma überhaupt liegt«, schreibt Toni Kienlechner in ihrem Buch *Maremma*. »Dann bin ich zum erstenmal in diese üppige Ebene und in die angrenzenden kargen Hügel gekommen. Ich wußte nicht, daß der Name ›Maremma‹ einen ganz einfachen Sinn hat, nämlich ›am Meer liegend‹. Die Leute, die ich danach gefragt habe, wußten es nicht, denn die Maremma ist auf seltsame Weise geschichtslos.«

Die Maremmen, weitab von Florenz, erstrecken sich jenseits der Hügel von Siena, der Kreideberge von Volterra, eine große Ebene, von zahllosen Wasserläufen durchzogen, heute voller Felder und Weingärten. Die Maremma war einst eine Wildnis voller Sümpfe, von Malaria verseucht, gefährlich, eine »wüste Gegend, wohin das gesittete Italien seine Verbrecher in die Verbannung schickte«. Lullin de Châteauvieux hat 1813 die Geschichte der Maremmen festgehalten:

»Der Verfall der Maremmen-Bewohner schreibt sich von der Epoche der Pest des 16. Jahrhunderts her, deren verheerende Wut einen bedeutenden Teil der damaligen Bevölkerung hinwegraffte. Von da an ist die Volksmenge nie wieder so bedeutend geworden, daß sie einen Damm gegen den Einfluß der ungesunden Luft hätte abgeben können, der nun mit jedem Jahr stärker und in eben dem Maße überhand nimmt, in welchem der Widerstand, den Zivilisierung und Bevölkerung leisten könnten, sich mindert.«

Die Maremma war arm, melancholisch, verlassen, vernachlässigt, vergessen und unfruchtbar. Die Einwohnerzahl ging stetig zurück, die Grundstückpreise sanken, und die Reichen erwarben preiswerte Häuser, die sie bald wieder verließen. Kaiser Leopold II., Sohn von Maria Theresia und Großherzog der Toskana, versuchte, Kolonien in den Maremmen zu begründen, doch ohne Erfolg: Die Angesiedelten verstarben, und das Erdreich brachte kaum Frucht: Der Boden war reine Tonerde, mit Schwefel versetzt. Nomadische Hirtenvölker und umherziehende Schäfer verwandelten das Land in eine Steppe. Eine Wüste mit Sümpfen dazwischen entstand, Malariamücken vertrieben die Bauern. Erst Mussolini ließ die Sümpfe trockenlegen, Pflüge legten Scherben etruskischer Krüge frei, Spezialisten für Bewässerung schufen künstliche Kanäle, die die Maremma durchzogen, man siedelte Cooperativen an und legte damit den Grundstein für eine der fruchtbarsten Gegenden Italiens, mit fetter, nach Schwefel und Eisen riechender Maremmenerde, mit Metallen gemischt. Eine Kornkammer, in der Gemüse, Oliven und Wein in Hülle und Fülle gedeihen und die, in den Pinienwäldern vor dem Meer, helle Büffelherden durchziehen. In letzter Zeit allerdings breiten sich dort verstärkt Industriegebiete und Felder mit Plastikplanen aus, die das Bild der auf sparsame Weise schönen und weiten Landschaft entstellen. Der Libeccio und der Scirocco führen nicht mehr den kräftigen Geruch von Pferd und Schaf heran, des in der glühenden Sommerhitze ausgedörrten und rissigen Lehms, sondern den Geruch von Benzin und Teer, und über den strahlenden Himmel hetzen im Tiefflug Starfighter vom Militärflughafen in Grosseto und versetzten die Vogelwelt in trotziges Schweigen.

Aus der toskanischen Maremma, dem malariaverseuchten Schwemmland, das Dante wiederholt heranzieht, um das Grauen und Entsetzen vor der Hölle darzustellen, kam auch Federigo Tozzi, der Vater des Schriftstellers Umberto Tozzi, ein drei Zentner schwerer Mann, »dessen Hände, wenn er sie zusammendrückte, zu Schraubstöcken wurden«, so heißt es. Eine seltsame Landschaft, herrisch und widerspenstig wie ihre Menschen, vor denen man sich schon im 14. Jahrhundert in acht nehmen mußte. In die Maremma zu reisen war gefährlich, denn: »In den Straßen in der Ebene warteten Banditen. Wer nicht gerade am Wege ausgeraubt und umgebracht wurde, der mußte damit rechnen, habgierigen Wirten in die Hände zu fallen und im Bett ermordet zu werden, weshalb man sich klugerweise so mittellos wie nur möglich gab«, riet Luigi Barzini.

Damit ist es heute vorbei, bis auf einige habgierige Wirte, die einen tüchtig ausnehmen. Kaum jemand erinnert sich noch an die schreckliche Fronarbeit, die Zehntausende leisten mußten, über hundert Jahre lang, als Städte und Dörfer von den malariageplagten Menschen verlassen wurden, da sie *mal aria*, schlechte Luft, verströmten, und selbst das herrliche Massa Marittima war jahrhundertelang unbewohnt. Heute ist die Maremma ein Hauptlieferant für Obst, Olivenöl, Gemüse, Wein, Sonnenblumenöl, und die wenigen Sümpfe, die noch erhalten sind, stehen unter Naturschutz.

Ehe wir nach Grosseto fahren, empfiehlt sich ein Abstecher zum malerischen Pitigliano, die Häuser auf gelbrotes Tuffgestein gesetzt, mit der eindrucksvollen mittelalterlichen Festung der Orsini, die 1545 dem Ort die gewaltigen Bögen eines Aquädukts bescherten. Wer die alte Etruskerstätte Roselle sehen will, zweigt von der Aurelia ab und nimmt den geschlungenen Weg hoch nach Roselle, in Vorzeiten am Hochufer der breiten, bis Castiglione della Pescaia reichenden Lagune gelegen, die in der Spätantike verlandete. Wir umwandern den wunderbar erhaltenen etruskischen Mauerring und bewundern die mächtigen, grob behauenen, bis zu drei Meter langen Blöcke. In der Senke zwischen den beiden Hügeln, dem ehemaligen Stadtgebiet, wo die Wohngebiete aller Epochen sich überlagern, die der Etrusker- ebenso wie der Römerzeit und des frühen Mittelalters. Hier können wir die

Eine Allee in der Maremma vor Castiglione della Pescaia

Travertin-Platten des Forums sehen, die Straße, in deren Pfla-
stersteine die Spuren der Wagen eingegraben sind, die Reste
der Marktbasilika, des Podiumtempels. Im kleinen Amphitheater aus der Zeit des Augustus, in dem im August griechische Dramen oder Shakespeare-Stücke aufgeführt werden,
lauschen wir auf die Resonanz unserer Worte – die Akustik
ist grandios.

Das von sechs Bastionen einer Mauer umgebene Grosseto,
die Provinzhauptstadt in der Maremma, im Mittelalter ein
kleines Kastell an der Aurelia und einer der letzten Stützpunk-
te der Römer vor ihrem Ziel, lebt nicht schlecht vom Ertrag
der Felder, der Industrie und dem Tourismus. Nahe liegt die
bei Touristen beliebte kleine Stadt Massa Marittima. Sie
war im Mittelalter Zentrum des Bergbaus zu Füßen der Col-
line Metallifere. Hier entstand 1310 der *Codice Minerario
Massetano*, das erste modifizierte Bergbaugesetz, das in der
Kommunalbibliothek ausliegt, und hier gibt es ein sehenswer-
tes Bergbaumuseum in einer alten Stollenanlage. Seit die Mi-
nen geschlossen wurden, lebt Massa Marittima mit seinem

herrlichen romanischen und gotischen Dom vom Tourismus, und die breite Treppe, die Campanile und Bischofspalast mit einbeziehet, ist stets von jungen Menschen bevölkert.

An Follonica fahren wir vorüber, wir sind auf dem Weg zu den etruskischen Grabkammern und Nekropolen bei Populonia. Wir genießen den weiten Blick von der Festung Populonia über die Küste, ehe wir die Riviera degli Etruschi entlang durch die Maremma fahren. Nicht weit von hier, in Marina di Cecina, spielt Carlo Cassolas Roman *La Visita*, in dem er den Übergang von der Kindheit zum Leben des Erwachsenen festhält.

Hier kehren wir um, fahren die schöne Straße an der Küste entlang nach Castiglione della Pescaia und bummeln über den Fischmarkt am kleinen Bootshafen, dort, wo die Goldmakrelen und Seezungen auf Eisblöcken und Salzbergen aufgereiht sind, die Dentici, die Langusten, die Tintenfische in ihrer Tarnfarbe in letzter Agonie, gekrönt von Rosmarin. Frische, saftige Fische, gerade aus dem Meer gefischt, und wir bewundern ihre Umrisse und Zeichnungen wie Ornamente, die feinen Farben.

Ein echter *Maremmane* des 19. Jahrhunderts war auch Renato Fucini aus Campiglia Marittima, der mit Erzählungen über die Toskana um die Maremma und den Apennin zu schreiben begann. Der Mann mit dem kräftigen geröteten Gesicht, dem rötlichen Backenbart und dem schräg auf dem Kopf sitzenden Hut blieb bei seinem Leisten und hinterließ uns viele kleine anekdotische Begebenheiten aus dem bäuerlichen Leben.

Die Küstenstreifen der Toskana mit ihrem üppigen Piniengürtel, die die Meeresströmungen im Laufe der letzten Jahrzehnte immer schmäler geschliffen haben, sind immer noch breiter als anderswo in Italien, die Luft ist dank der Pinien frischer. Allerdings drängen sich immer mehr häßliche kastenförmige Hotels und Bars, die eher Lagerschuppen gleichen, ans Meer, um den Strand mit teuren Sonnenschirmen und Liegestühlen zu pflastern. Doch gelingt es immer noch, schöne ruhige Stellen zu finden.

In Albarese machen wir halt. Der 1975 eingerichtete Nationalpark von Albarese mit seiner zauberhaften Vogelwelt, in dem es Führungen gibt, ist ein Ort der Ruhe. Schwarze Bullen stehen unbeweglich auf der mageren Wiese und blicken zum Meer. Ein Werk der Menschen, mit einem Naturstrand, ein kraftvolles, sich ständig regenerierendes Reservat.

Pinkfarbene Blüten niedriger Fettgewächse im Sand glänzen im späten Licht, inmitten wilden Rosmarins und wilder Kamillenstauden. Die hohen Pinien rauschen, die Zikaden erfüllen ihr Gesetz und schaben. Ein Cowgirl schwingt das Lasso für ein paar Touristen und springt ohne Sattel aufs Pferd. Die *madre mediterranea* bestimmt nicht mehr das Leben der jungen Frauen, diese fragilen frechen Gestalten mit ihrem immerwährenden Durst nach Leben bestimmen das Bild.

Der Himmel ist klar, wir sehen die Konturen von Elba, von der Insel Giglio, der zweitgrößten Insel des Toskanischen Archipels, bis zum Monte Argentario, zu seinen Füßen Porto Santo Stefano, Orbetello und Porto D'Ercole, in der Ferne erahnen wir gar Sardinien. Leichter Wind kräuselt das Meer und zieht feine Wellen über unsere Füße.

Die Farbe hat sie vom Meer der Toskana
die Welle, die gestern die Fische und Kriegsschiffe hertrieb
und stille Gesänge der Rückkehr nach Port Said,
und die Frauen beim Waschen am Strand
tauchen die Linnen der Kindheit, den tauenden Trübsinn
verfließender Jahre ins Ziehen der nie
ermüdenden Wasser und wiegen dort wieder
auf unbetretenen Schiffen den ersten Schlaf
und die windverzehrten, unkenntlichen
Körper der Kinder.

Verse Mario Luzis. Sein ganzes Leben hat er mit einer Reihe von Empfindungen verbunden, die für ihn immer wieder neu und wunderbar waren, die strahlende Sonne, die auch ermatten kann, die überraschenden Ausblicke auf das Meer und seine Gerüche, das Nebeneinander vom Fließen des Wassers und dem Vergehen der Zeit.

Serviceteil

Öffnungszeiten der Museen, Archive, Villen und Kirchen:

Arezzo:

Casa di Giorgio Vasari
Via XX. Settembre 44
täglich 9-19 Uhr
Sonntag bis 12.30 Uhr

Casa Petrarca
Via del Orto
Geöffnet von 9-19 Uhr

Capalbio:

Giardino dei Tarocchi
Telefon 0564 89 51 22
Fax 0564 89 57 0 00

Collodi:

Villa Garzoni in Collodi
Piazza della Vittoria 1
Gemeinde Pescia, Provinz Pistoia
Geöffnet von 9-12 und 14-17 Uhr im Winter
im Sommer von 9 Uhr bis Sonnenuntergang
Information unter: 0572 42 84 00

Florenz:

Palazzo Pitti (Galleria Palatina)
Im Sommer 8.30-21 Uhr
Samstag 8.30-24 Uhr
Sonntag und Feiertage 9-14 Uhr
16. 9.-16. 6. Montag, Dienstag, Mittwoch, Freitag, Samstag 9-19 Uhr
Donnerstag, Sonn- und Feiertage 9-14 Uhr

Santa Maria del Fiore und Baptisterium
Montag bis Samstag 10-17 Uhr
Sonntag und Feiertage 13-17 Uhr

Santa Croce
8-18.30 Uhr, im Winter 8-12.30 und 15-18.30 Uhr
Sonntag 15-18 Uhr
Museum: 10-12.30 und 14.30-18.30 Uhr
Im Winter 10-12.30 und 14.30-18.30 Uhr, Mittwoch geschlossen

Santa Maria Novella
Täglich von 7-11.30 und 15.30-18 Uhr

Uffizien (Galleria degli Uffizi)
Telefon 055 29 48 83 (telefonische Voranmeldung)
Im Sommer geöffnet von 8.30-21 Uhr
Samstags von 8.30-24 Uhr
Im Winter 8.30-18.50 Uhr
Sonn- und Feiertage 8.30-13.50 Uhr
Montag geschlossen

Monte Oliveto Maggiore
Abbazia di Monte Oliveto
9.15-12 und 15.15-17.45 Uhr

Lucca:

Villa Mansi
Im Sommer 10-12.30, 15-19 Uhr
Im Winter 10-12.30, 15-17 Uhr
Montag geschlossen

Pienza:

Palazzo Piccolomini
Geöffnet von 10-12.30 und 15-18 Uhr
im Sommer 16-19 Uhr
Montag geschlossen

Pieve Santo Stefano:

Archivio Diaristico Nazionale – Memorie Epistolari
A. D. N.

Piazza Amintore Fanfani, 14
Telefon 0575 79 77 30/79 77 31 Fax 0575 79 98 10
Geöffnet Montag-Donnerstag von 9-12 Uhr

Pisa:

Camposanto und Baptisterium
Im Winter von 9-16.40 Uhr
Im Frühjahr und Herbst von 9-17.40 Uhr
Im Sommer von 8-19.40 Uhr
geschlossen am 1. 1. und 25. 12. nachmittags

San Galgano (Abbazia):

8-12 Uhr, 14 Uhr bis Sonnenuntergang

Sant'Antimo (Abbazia):

10.30 Uhr bis 12.30 Uhr
Sonn- und Feiertage 9.15-10.45 und 15-18 Uhr

Siena:

Palazzo Comunale
Winter 10-16 Uhr
Sommer 10-18 Uhr
Juli und August 10-23 Uhr
Sonntag 9.30-13.30 Uhr
Am 1. 1., 1. 5., 1. 12., 25. 12. geschlossen

Haus der heiligen Caterina
Winter 9-12.30 und 15-19 Uhr
Sommer 9-12.30 und 14.30-18 Uhr

Torre del Lago:

Museo Villa Puccini
Piazza Belvedere, Telefon 0584 341 445
Öffnungszeiten:
1. 3.-30. 4. 10.30-12.30 und 15-18.30 Uhr
1. 5.-31. 10. 10.30-12.30 und 14.30-17.30 Uhr
Montag geschlossen

Volterra:

Museo Etrusco »Museo Guarnacci«
Via Don Minzoni, 15
56048 Volterra
Telefon 0588 863 47
März bis Oktober von 9-19 Uhr
November bis Mitte März 9-14 Uhr

Quellenverzeichnis und weiterführende Literatur

Theodor W. Adorno, *Luccheser Memorial*. Aus: Gesammelte Schriften. Suhrkamp Verlag Frankfurt am Main 1977

Gabriele D'Annunzio, *Laudi del cielo del mare della terra e degli eroi*. Übersetzt von Karin Fleischanderl. Carl Hanser Verlag, München, Wien 2006

Vittorio Alfieri, *Das Leben des Vittorio Alfieri aus Asti, von ihm selbst geschrieben*. Aus dem Italienischen von Ludwig Hain. Herausgegeben von Ernst Benkard. Frankfurter Verlagsanstalt, Frankfurt am Main 1924

Vittorio Alfieri, *Opere a cura di Francesco Maggini*, 2 Vol., Milano 1940

Pietro Aretino, *Lettere. Il primo libro delle lettere*. Aus: *Italiänische und englische Liebesbriefe nebst weiteren Europäischen*. Herausgegeben von Paul Seliger. J. Zeitler Verlag, Leipzig 1908

Pietro Aretino, *I Modi. Die Stellungen des göttlichen Pietro Aretino*. Herausgegeben, gedichtet und mit einem Essay versehen von Thomas Hettche. Gatza bei Eichborn, Frankfurt am Main 1997

Pietro Aretino, *Hetärengespräche*. Verlag deutscher Bücherbund, Stuttgart/Hamburg 1969

Ernst Moritz Arndt, *Livorno stieg, wie Pisa sank*. Aus dem Italienischen übersetzt und herausgegeben von Walter von Molo. Wegweiser Verlag, Berlin 1921

Astrid Arndt, *Ungeheure Größen: Malaparte, Céline, Benn. Wertungsprobleme in der deutschen, französischen und italienischen Literaturkritik*. Max Niemeyer Verlag, Tübingen 2005

Erich Auerbach, *Dante als Dichter der irdischen Welt*. Mit einem Nachwort von Kurt Flasch. Walter de Gruyter Verlag, Berlin, New York 2001

Anna Banti, *Artemisia*. Aus dem Italienischen von Sylvia Höfer. S. Fischer Verlag, Frankfurt am Main 1995

Luigi Barzini, *Die Italiener*. S. Fischer Verlag, Frankfurt am Main 1977

Monika Becker, *Niki de Saint Phalle. Die Biographie*. List Verlag, München 2005

Romano Bilenchi, *Anna und Bruno. Erzählungen aus der Toskana*. Aus dem Italienischen von Karin Fleischanderl. Verlag Klaus Wagenbach, Berlin 1994

Giovanni di Boccaccio, *Das Dekameron*. Insel Verlag Frankfurt am Main 1999

Rudolf Borchardt, *Italienische Städte und Landschaften*. J. G. Cotta'sche Buchhandlung Nachfolger GmbH, Stuttgart 1968

Rudolf Borchardt, *Anabasis*. Herausgegeben von Cornelius Borchardt in Verbindung mit dem Rudolf-Borchardt-Archiv. Carl Hanser Verlag, München/Wien 2003

Claudio Bruni, *I Vili. Romanzo*. Selezione Narrativa Polistampa, 2006

Leonardo Bruni, *Zum Lobe der Stadt Florenz*. Aus: Panegirico del città di Firenze. La Nova Italia Editrice, Florenz 1974

Perla Cacciaguerra, *Die blaue Periode oder Traurige Zeiten und andere Gedichte*. Aus dem Italienischen von Annette Vogelsang. Rimbaud Verlag, Aachen 2005

Albert Camus, *Tagebücher 1955-1951*. Aus dem Französischen von Guido G. Meister. Rowohlt Verlag, Reinbek bei Hamburg 1967

Giorgio Caproni, *Gedichte. Italienisch und deutsch*. Ausgewählt, übertragen und mit einem Nachwort versehen von Hanno Helbling. Klett-Cotta Verlag, Stuttgart 1990

Mary McCarthy, *Florenz Venedig*. Aus dem Englischen von Ursula Bethke. Knaur Verlag, München 1968

Giacomo Casanova, *Geschichte meines Lebens*. Auf der Grundlage der von B. und G. Albrecht herausgegebenen Ausgabe ausgewählt und mit einem Nachwort versehen von Johanna von Koppenfels. Aus dem Französischen von Heinrich Conrad. Aufbau Verlag, Berlin 1998

Carlo Cassola, *La visita*. Herausgegeben von Giulio Einaudi. Turin 1962

Carlo Cassola, *Paura e Tristezza*. Biblioteca Universale. Mit einer Einführung von Natalia Ginzburg. Rizzoli, Milano 1981

Carlo Cassola, *Die geheime Geschichte des Senatspräsidenten Dr. Daniel Paul Schreber*. Aus dem Italienischen von Reimar Klein. Suhrkamp Verlag Frankfurt am Main 1980

Lullin de Châteauvieux, Die *Maremmen – Land der Erinnerungen und Trümmer. Briefe über Italien*. Aus dem Französischen von H. Hirzel. Erster Theil. Reclam Verlag, Leipzig 1821

Benvenuto Cellini, *Wie die Statue des Perseus und der Medusa entstand*. In: Leben des Benvenuto Cellini. Aus dem Italienischen von Johann Wolfgang von Goethe. Insel Verlag Frankfurt am Main 1981

Benvenuto Cellini, *Um vor die Seele dir ...* Aus dem Italienischen von Johann Wolfgang von Goethe. Aus: Benvenuto Cellini, II. Buch, 13. Kapitel. In: Johann Wolfgang von Goethe, Werke, Band 14, Stuttgart 1963

Guido Ceronetti, *Albergo Italia. Meine italienische Reise*. Aus dem Italienischen von Viktoria von Schirach und Barbara Krohn. Carl Hanser Verlag, München, Wien 1993

Bruce Chatwin, *Der Traum der Ruhelosen*. Herausgegeben von Jan Borm und Matthew Graves. Aus dem Englischen von Anna Kamp. Carl Hanser Verlag, München, Wien 1996

Das Da-Vinci-Universum. Die Notizbücher des Leonardo. Herausgegeben von Emma Dickens. Ullstein Verlag, Berlin 2006

Dante Alighieri, *Die göttliche Komödie*. Aus dem Italienischen von Hermann Gmelin. Mit Anmerkungen und einem Nachwort von Rudolf Baehr. Philipp Reclam jun., Ditzingen 1986

Charles Dickens, *Bilder aus Italien*. Aus dem Englischen von Ulrich C. A. Krebs. Heinrich Hugendubel Verlag, München 1981

Umberto Eco, *Mein verrücktes Italien. Verstreute Notizen aus vierzig Jahren*. Aus dem Italienischen von Burkhart Kroeber. Verlag Klaus Wagenbach, Berlin 2002

Oriana Fallaci, *Die Wut und der Stolz*. Aus dem Italienischen von Paula Cobrace. List Verlag, München 2002

Humbert Fink, *Machiavelli. Eine Biographie*. List Verlag, München 1988

Antonio Forcellino, *Michelangelo. Eine Biographie*. Aus dem Italienischen von Petra Kaiser, Martina Kempter und Sigrid Vagt. Siedler Verlag, München 2006

E. M. Forster, *Zimmer mit Aussicht*. Aus dem Englischen von Werner Peterich. Nymphenburger Verlag, München 2002

Franco Fortini, *Poesie. Italienisch – Deutsch*. Übertragen und mit einem Nachwort von Hans Magnus Enzensberger. Suhrkamp Verlag Frankfurt am Main 1963

Anatole France, *Florenz*. In: Die rote Lilie. Musarion Verlag, München 1925

Carlo Fruttero und Franco Lucentini, *Der Palio der toten Reiter*. Aus dem Italienischen von Burkhart Kroeber. R. Piper & Co. Verlag, München Zürich 1997

Anthony Grafton, *Leon Battista Alberti. Baumeister der Renaissance*. Aus dem Amerikanischen von Jochen Bußmann. Berlin Verlag, Berlin 2002

Hans-Christian Günther, *Gabriele D'Annunzio, Ausgewählte Gedichte*. Aus dem Italienischen übersetzt und erläutert von Hans-Christian Günther. Shaker Verlag, Aachen 1999

Manfred Hardt, *Geschichte der italienischen Literatur*. Von den Anfängen bis zur Gegenwart. Suhrkamp Verlag Frankfurt am Main 2003

Heinrich Heine, *Die Bäder von Lucca*; *Die Stadt Lucca*. In: Sämtliche Schriften. Herausgegeben von Klaus Briegleb. Band 3. Deutscher Taschenbuch Verlag, München 1976

Heinrich Heine, *Florentinische Nächte*; *Das Buch Le Grand*; *Aus den Memoiren des Herren von Schnabelewopski*; *Der Rabbi von Bacharach*. Wilhelm Goldmann Verlag München. Band KL 237

Heinrich Heine, *Die Stadt Lucca 1828-1830*. Aus: Reisebilder. Mit einem Nachwort von Joseph A. Kruse. Insel Verlag Frankfurt am Main 1980

Eva Hesse, *Ezra Pound, Lesebuch. Dichtung und Prosa*. Herausgegeben und aus dem Amerikanischen übersetzt von Eva Hesse. Arche Verlag, Zürich, Hamburg 1997

Hermann Hesse, *Italienische Schilderungen. Tagebücher, Gedichte, Aufsätze, Buchbesprechungen und Erzählungen*. Herausgegeben von Volker Michels. Suhrkamp Verlag Frankfurt am Main 1996

Thomas Hettche, *Animationen*. DuMont Buchverlag, Köln 1999

Johannes Hösle, *Pietro Aretinos Werk*. Walter de Gruyter Verlag, Berlin 1969

Johannes Hösle, *Kleine Geschichte der italienischen Literatur*. C. H. Beck Verlag, München 1995

Christian Jansen, *Italien seit 1945*. Vandenhoeck & Ruprecht, UTB 2916, Göttingen 2007

Henry James, *Bildnis einer Dame*. Aus dem Amerikanischen von Hildegard Blomeyer. Insel Verlag Frankfurt am Main und Leipzig 2003

Anselm Jappe (Hg.), *Schade um Italien! Zweihundert Jahre Selbstkritik*. Ausgewählt, eingeleitet und übersetzt von Anselm Jappe. Eichborn Verlag, Frankfurt am Main 1997

Walter Kappacher, *Selina oder Das andere Leben*. Deuticke Verlag im Paul Zsolnay Verlag, Wien 2005

Hermann Kesten, *Die Lust am Leben*. Deutscher Taschenbuch Verlag, München 1968

Toni Kienlechner, *Maremma*. Piper Verlag, München 1992

Helmut Krausser, *Die kleinen Gärten des Maestro Puccini*. © DuMont Buchverlag, Köln 2008

Isolde Kurz, *Pilgerfahrt nach dem Unerreichlichen. Lebensrückschau*. Wunderlich Verlag, Tübingen 1938

D. H. Lawrence, *Etruskische Stätten. Volterra*. In: Mexikanischer Morgen und Italienische Dämmerung. Übersetzt von Oswalt von Nostitz. Rowohlt Verlag, Reinbek bei Hamburg 1963

D. H. Lawrence, *Zypressen*. Aus: The Phoenix Edition of D. H. Lawrence, V. 19-21. The Complete Poems. Aus dem Englischen von Sonja Hackel, Heinemann, London 1957

Pia-Elisabeth Leuschner, *Vittorio Alfieri*. Manuskript zum Vortrag, gehalten 1999 im Italienischen Kulturinstitut München

Grazia Livi, *Die Buchstaben meines Namens*. Aus dem Italienischen von Maja Pflug. Verlag Antje Kunstmann, München 1993

Leo Longanesi, »La politica di Malaparte è regolata dalla mutevole foggia dei suoi capelli e dal taglio della barba«. Zitiert nach: Astrid Arndt, *Ungeheure Größen*. Max Niemeyer Verlag, Tübingen 2005

Mario Luzi, *Der Monte Amiata*. Aus: Trame. Aus dem Italienischen von Maja Pflug. In: Klaus Wagenbach, Mein Italien, kreuz und quer. Verlag Klaus Wagenbach, Berlin 2004

Mario Luzi, *Und ein Lächeln, das alles verwirrt*. Aus: Poesie der Welt: Italien. Herausgegeben von Hartmut Köhler. PropyläenVerlag, Berlin 1983

Mario Luzi, *Wein und Ocker. Gedichte. Italienisch und deutsch*. Ausgewählt, übersetzt und mit einem Nachwort versehen von Hanno Helbling. Klett-Cotta Verlag, Stuttgart 1993

Machiavelli für Manager. Sentenzen. Ausgewählt von Luigi und Elena Spagnol. Insel Verlag Frankfurt am Main und Leipzig 1991

Machiavelli, *Discorsi. Staat und Politik*. Herausgegeben von Horst Günther. Insel Verlag Frankfurt am Main und Leipzig 2000

Franca Magnani, *Mein Italien*. Kiepenheuer & Witsch Verlag, Köln 1997

Franca Magnani, *Eine italienische Familie. Erinnerungen an ein außergewöhnliches Leben*. Kiepenheuer & Witsch Verlag, Köln 1990

Curzio Malaparte, *Zwischen Erdbeben. Streifzüge eines europäischen Exzentrikers*. Herausgegeben von Jobst Welge. Die Andere Bibliothek. Eichborn Verlag, Frankfurt am Main 2007

Curzio Malaparte, *Italia Barbara*. Gobetti, Turin 1925

Curzio Malaparte, *Verdammte Toskaner*. Aus dem Italienischen von Hellmut Ludwig. Stahlberg Verlag, Karlsruhe

Curzio Malaparte, *Die Haut*. Aus dem Italienischen von Hellmut Ludwig. Zsolnay Verlag, Wien 2006

Curzio Malaparte, *Kaputt*. Aus dem Italienischen von Hellmut Ludwig. S. Fischer Verlag, Frankfurt am Main 1982

Curzio Malaparte, *Geschichte von morgen. Eine realistische Satire.* Aus dem Italienischen von Hellmut Ludwig, Stahlberg Verlag, Karlsruhe 1951

Curzio Malaparte, *Technik des Staatsstreichs*. Aus dem Italienischen von Hellmut Ludwig. Stahlberg Verlag, Karlsruhe 1968

Thomas Mann, *Gesammelte Werke in dreizehn Bänden*. S. Fischer Verlag, Frankfurt am Main 1974

Thomas Mann, *Fiorenza. Drama in drei Akten*. In: Gesammelte Werke in 12 Bänden, Band 8. S. Fischer Verlag, Frankfurt am Main 1959

Gianna Manzini, *Ritratta in piedi*. Mondadori, Mailand 1971

Gianna Manzini, *Messaggio. Rive remote*. Mondadori, Mailand 1940

Dacia Maraini, *Liebe Flavia. Roman*. Aus dem Italienischen von Viktoria von Schirach. Piper Verlag, München 2000

Gianna Manzini, *Erinnerungen einer Diebin*. Aus dem Italienischen von Maja Pflug. Piper Verlag, München 1994

Dacia Maraini, *Zeit des Unbehagens*. Rotbuch Verlag, Zürich 1987

Dacia Maraini, *Bagheria. Eine Kindheit auf Sizilien*. Aus dem Italienischen von Sabina Kienlechner. Piper Verlag, München 2002

Piero Bernardini Marzolla, *L'Etrusco. Una lingua ritrovata*. Saggi. Arnoldo Mondadori Editore, Milano 1984

Doris und Arnold Maurer, *Literarischer Führer durch Italien*. Ein Insel-Reiselexikon. Insel Verlag Frankfurt am Main 1988

Franziska Meier, *Emanzipation als Herausforderung. Rechtsrevolutionäre Schriftsteller zwischen Bisexualität und Androgynie*. Böhlau Verlag, Wien, Köln, Weimar 1998

Michelangelo, *Lebensberichte, Briefe, Gespräche, Gedichte*. Herausgegeben von Hannalise Hinderberger. Manesse Verlag, Zürich 1985

Christian Morgenstern, *Fiesolaner Ritornelle*. In: Gesammelte Werke in einem Band. R. Piper & Co. Verlag, München 1989

Iris Origo, *Toskanisches Tagebuch 1943/44. Kriegsjahre im Val d'Orcia*. C. H. Beck Verlag, München 1991

G. B. und F. L. Oscott, *Gli etruschi parlano. Alla scoperta della lingua etrusca*. Edizioni mediterranee, Rom 1984

Giovanni Papini, *Ein fertiger Mensch*. Allgemeine Verlagsanstalt, 1925. o. O.

Giuseppe Pardini, *Curzio Malaparte. Biografia Politica*. Luni Editrice, Milano/Trento 1998

Giovanni Pascoli, *Das Knäblein. Poetik und Poesie*. Eingeleitet und aus dem Italienischen übersetzt von Willi Hirdt. Romanistischer Verlag, Bonn 2006

Giovanni Pascoli, *Die ausgewählten Gedichte*. Deutsch von Benno Geiter. Kurt Wolff Verlag, Leipzig 1913

Pier Paolo Pasolini, *Der Apennin*. Aus: Gramsci's Asche, Gedichte. Aus dem Italienischen von Toni und Sabina Kienlechner. R. Piper & Co. Verlag, München 1980

Francesco Petrarca, *Die schönsten Liebesgedichte*. Aus dem Italienischen von Jürgen von Stackelberg. Insel Verlag Frankfurt am Main und Leipzig 1997

Enea Silvio Piccolomini, *Euryalus und Lukrezia*. Aus dem Lateinischen von Konrad Falke. Insel Verlag Leipzig 1907

Enea Silvio Piccolomini, *Commentarii. Ich war Pius II. Memoiren eines Renaissancepapstes*. Ausgewählt und aus dem Italienischen übersetzt von Günter Stölzl. Sankt Ulrich Verlag, Augsburg 2008

Angelo Poliziano, *Der Triumph Cupidos*. Artemis & Winkler Verlag, Düsseldorf, Zürich 1974.

Ezra Pound, *Pisaner Cantos LXXIV-LXXXIV*. Herausgegeben und übertragen von Eva Hesse. © Verlags AG Die Arche, Zürich 1956, 1958, 2002

Jacopo da Pontormo, *Tagebuch*. Aus dem Italienischen von Gustav René Hocke nach der Neufassung des italienischen Originaltextes von Emilio Cecchi: *Diario di Jacopo da Pontormo*, Florenz 1956. In: Gustav René Hocke, Europäische Tagebücher aus vier Jahrhunderten. S. Fischer Verlag, Frankfurt am Main 1991

Marcel Proust, *Auf der Suche nach der verlorenen Zeit. Unterwegs zu Swann*. Frankfurter Ausgabe, Werke II, Bd. 1. Aus dem Französischen von Eva Rechel-Mertens. Suhrkamp Verlag Frankfurt am Main 1994

Michele Ranchetti, *Poesie Ultime e Prime*. Verbarium. Quodlibet, Macerata 2008

Volker Reinhardt, *Der Göttliche. Das Leben des Michelangelo*. Eine Biographie. C. H. Beck Verlag, München 2010

Gregor von Rezzori, *Italien. Oder wie althergebrachte Gemeinplätze durch neue zu ersetzen sind*. C. Bertelsmann Verlag, München 1996

Gregor von Rezzori, *Greisengemurmel*. C. Bertelsmann Verlag, München 1994

Rainer Maria Rilke, *Nur noch schauen*. Aus: Tagebücher aus der Frühzeit. Das Florenzer Tagebuch. Insel Verlag Frankfurt am Main 1973

Bernd Roeck, *Florenz 1900. Die Suche nach Arkadien*. C. H. Beck Verlag, München 2001

Amelia Rosselli, *Memorie a cura di Marina Calloni*. Società editrice il Mulino, Bologna 2001

John Ruskin, *Ruskin in Italy. Letters to his parents*. Oxford 1972

Umberto Saba, *Canzoniere. Gedichte. Italienisch und deutsch*. Aus dem Italienischen von Gerhard Kofler, Christa Pock und Peter Rosei. Klett-Cotta Verlag, Stuttgart 1997

Umberto Saba, *Der Dichter, der Hund und das Huhn*. Aus dem Italienischen von Anna Leube. Paul Zsolnay Verlag, Wien 1999

Umberto Saba, *Triest und eine Frau. Italienisch und deutsch*. Ausgewählt und übertragen von Paul-Wolfgang Wührl. Insel Verlag Frankfurt am Main 1962

Franco Sacchetti, *Die wandernden Leuchtkäfer – Renaissancenovellen aus der Toskana*. Aus dem Italienischen von Heribert Becker. Verlag Klaus Wagenbach, Berlin 1991

Girolamo Savonarola, *O Florenz! O Rom! O Italien!* Aus dem Lateinischen und Italienischen übersetzt von Jacques Laager. Manesse Verlag, Zürich 2002

Max Sander, *Ein Aretinofund*. Zeitschrift für Bücherfreunde. Neue Folge, XXI. Jahrgang. Leipzig 1929

Rudolf Alexander Schröder, *Anabasis: Prosa*. Herausgegeben von Cornelius Borchardt. Carl Hanser Verlag, München, Wien 2003

Antonio Tabucchi, *Tristano stirbt*. Aus dem Italienischen von Karin Fleischanderl. Carl Hanser Verlag, München, Wien 2005

Antonio Tabucchi, *Piazza d'Italia*. Aus dem Italienischen von Karin Fleischanderl. Piper Verlag, München, Zürich 2000

Hippolyte Taine, *Dieses so gesunkene Siena ist die erste Lehrerin und Herrin in Dingen der Schönheit gewesen*. Aus: Reise in Italien, Band 2. Aus dem Französischen von Ernst Hardt. Eugen Diederichs Verlag, Leipzig 1904

Tiziano Terzani, *Das Ende ist mein Anfang.* Aus dem Italienischen von Christiane Rhein. Deutsche Verlagsanstalt, München 2007

Ludwig Tieck, *Anblick von Florenz; Auf der Piazza Signoria; Der Taubenmarkt.* In: K. E. Hoffmann, Florenz in der Dichtung von Dante bis Goethe. Gedichte, Briefe und Tagebuchblätter von Dante bis Goethe. Berlin 1911

Mario Tobino, *Die Frauen von Magliano oder Die Freiheit im Irrenhaus.* Aus dem Italienischen von Charlotte Birnbaum. Claassen Verlag, Hamburg 1955

Federigo Tozzi, *Novelle.* Vallecchi, Florenz 1976

Federigo Tozzi, *Das Gehöft.* Aus dem Italienischen von Ragni Maria Gschwend. Piper Verlag, München, Zürich 1988

Federigo Tozzi, *Con gli occhi chiusi,* Treves, Mailand 1919

Federigo Tozzi, *Erinnerungen eines Angestellten.* Aus dem Italienischen von Klaus Bachmann. Piper Verlag, München, Zürich 1988

Federigo Tozzi, *Tiere, Dinge, Menschen.* Aus dem Italienischen von Christoph Wilhelm Aigner. Deutscher Taschenbuch Verlag, München 1991

Giuseppe Ungaretti, *Lucca.* Aus: Gedichte von Giuseppe Ungaretti. Aus dem Italienischen von Ingeborg Bachmann. Suhrkamp Verlag Frankfurt am Main 1997

Giorgio Vasari, *Die Entstehung des David des Michelangelo.* In: A. Gottschewski und G. Gronau, Die Lebensbeschreibungen der berühmtesten Architekten, Bildhauer und Maler. Straßburg 1927

Sandro Veronesi, *Bimbo! Reportagen aus dem anderen Italien.* Aus dem Italienischen von Bruno Genzler. C. Bertelsmann Verlag, München 2002

Cesare Viviani, *Poesie 1967-2002*. Oscar Mondadori, Arnoldo Mondadori, Milano 2003

Alice Vollenweider, *Die Küche der Toskana. Eine Reise durch ihre Regionen mit passenden Rezepten.* Verlag Klaus Wagenbach, Berlin 2000

Klaus Wagenbach (Hg.), *Nach Italien! Anleitung für eine glückliche Reise.* Verlag Klaus Wagenbach, Berlin 2001

Ingeborg Walter, *Der Prächtige. Lorenzo de' Medici und seine Zeit.* C. H. Beck Verlag, München 2003

Klaus Zimmermanns, *Toscana*. Dumont Verlag, Köln 2001

Abbildungsnachweis

Literarische Reisebegleiter
im insel taschenbuch
Eine Auswahl

Städte